名师名校名校长

凝聚名师共识
回应名师关怀
打造名师品牌
培育名师群体

　　　　钱明遠题

童真偶趣

木偶文化传承下的幼儿多元发展

邱一霞 著

中国出版集团　现代出版社

图书在版编目（CIP）数据

童真偶趣：木偶文化传承下的幼儿多元发展 / 邱一霞著. —北京：现代出版社，2022.3

ISBN 978-7-5143-9779-6

Ⅰ.①童… Ⅱ.①邱… Ⅲ.①木偶剧—化州市—教学研究—学前教育 Ⅳ.①G613.5

中国版本图书馆CIP数据核字（2022）第042012号

童真偶趣：木偶文化传承下的幼儿多元发展

作　　者	邱一霞
责任编辑	张　璐
出版发行	现代出版社
地　　址	北京市安定门外安华里504号
邮政编码	100011
电　　话	010-64267325　64245264
网　　址	www.1980xd.com
印　　制	北京政采印刷服务有限公司
开　　本	710mm×1000mm　1/16
印　　张	12.5
字　　数	200千字
版　　次	2022年3月第1版　2022年3月第1次印刷
书　　号	ISBN 978-7-5143-9779-6
定　　价	58.00元

目　录

第一篇　小木偶　大世界

第二篇　小木偶　趣成长

第四章　木偶戏推动幼儿语言能力发展

第五章　木偶戏推动幼儿健康素质发展

第六章　木偶戏推动幼儿社会认知发展

第七章　木偶戏推动幼儿艺术素养发展

第八章　木偶戏推动幼儿科学观念发展

第三篇　小木偶　深发展

第九章　幼儿园木偶游戏活动开展

第十章　幼儿园木偶园本课程建设

第一篇

小木偶　大世界

　　小小的木偶，大大的世界。木偶文化艺术是中国传承千年的文化，也是中国特色非物质文化遗产，广东茂名化州是木偶艺术文化兴盛的地方。越是民族的，就越是世界的。中国木偶文化是中国传统文化的一部分，也是世界文化的重要组成部分。木偶文化的传承与发展，需要从幼儿阶段抓起。毕竟，幼儿代表着未来，他们才是中国未来木偶文化的继承者与弘扬者。

第一章

木偶戏——中国特色非物质文化遗产

中国木偶戏始于汉代，发展于唐、宋，盛行于元、明、清，古时称傀儡戏。广东木偶戏，大约在元代由闽西传入潮州。明、清两代，粤西的吴川、电白、茂名、化州、廉江一带木偶戏相当兴盛，因此，人们称粤西地区是广东的"木偶之乡"。其中，化州木偶戏颇具特色。近现代以来，化州木偶戏发展得并不十分理想，但是随着国家对传统文化的重视，木偶戏成为具有中国特色的非物质文化遗产，迎来了新的发展契机。

第一节 木偶戏与化州木偶的历史传承

《辞海》对"木偶""木偶剧"的解释如下。

木偶：亦作"木禺"。木刻的人像。《史记·孟尝君列传》："见木偶人与土偶人相与语。"司马贞索隐："木偶，比孟尝君。"比喻受人操纵摆布的人。

木偶剧：由演员操纵木偶以表演故事的戏剧。根据木偶形体和操纵形式不同，分为布袋木偶、提线木偶、杖头木偶、铁枝木偶四类，各有艺术特色。世界上许多国家都有木偶剧。在中国，木偶剧始于汉代，唐宋时已很发达。当时多用傀儡戏之名。现在则大多用戏曲曲调演唱，也有用对话或歌舞形式的。

《辞海》中却并没有"木偶戏"条目，不过一般来说，"木偶戏"是一种通俗说法，是指采用木偶表演方式展示的一种民间戏剧。

木偶在我国很多地方都有，并且也有丰富的传承。化州木偶是广东木偶文化的重要形式之一。化州木偶戏在当地被称为"鬼仔戏"。化州近年来将木偶文化融入传统文化教育中，体现了当代教育对传统文化的重视。若想传承化州木偶文化，则需要了解化州木偶的基本发展情况与历程。

化州，地处广东西南部，属于茂名市管辖，是化州木偶戏的主要发展传承之地。茂名市木偶戏按木偶形体和操作技术不同，分为杖头木偶戏、布袋木偶戏和提线木偶戏。化州木偶戏属于茂名木偶戏的一个重要分支，主要形式和茂名其他地区的差不多，只是细节方面有些区别。化州作为木偶戏之乡，最流行的是杖头木偶。化州木偶戏，至今传承超过1000年。据记载，南朝元嘉三年（426），檀道济到罗江流域筑城后，杖头木偶随中州文化一道传入化州。檀将军被宋文帝冤杀后，他的士兵不敢北返，便在罗江一带操弄木偶戏过日子，从此木偶戏便传承下来。化州木偶戏在历史中一直不断地丰富传承，南宋以后，由中州迁至福建的移民有不少迁来化州，他们带来的木偶戏便同中州文化一起在化州生根发芽，蓬勃发展。由此可见，从南宋时期开始，杖头木偶戏便从中州传入化州。

进入明朝以来，尤其是明万历年间，随着闽南人向粤西移居和经济文化的交流，福建特色的布袋木偶戏传入粤西，逐渐演变成电白、化州等地的"扁担戏"，后与杖头木偶戏结合形成单人木偶戏，布袋木偶戏已不单独存在，这一过程进一步丰富了化州木偶戏的内容。由于木偶戏带有娱乐、文化等性质，深受当地民众喜爱，加上表演方式相对简单，因此传播速度较快。至清末民初，广东地区的木偶班遍布城乡，木偶戏在化州十分盛行，特别在农村，逢年过节或喜庆日子，都要表演木偶戏，娱神娱人，"人神同乐"。化州木偶戏的内容更多是传统文化故事，也带有一定的宗教文化内容，不过整体而言，还是比较贴合民间生活文化的，对于丰富民间精神文化是有一定作用的。在整个传统封建时代，木偶戏主要是在民间流传，并且内容既有传承，也有发展。

化州木偶戏的发展也遭遇过低谷，"文化大革命"时期，由于木偶戏被认为有封建文化因素，化州木偶戏基本停演。改革开放之后，社会开始重视传统文化，化州木偶戏经历了一个恢复阶段，但是由于化州木偶艺术人才传承并不兴盛，以及现代化新型文化休闲形式的出现等现实原因，化州木偶戏并没有迎来迅速发展。直到20世纪后，国家进一步高度重视传统文化，鼓励发展传统文化，各地木偶戏纷纷申请非物质文化遗产，化州木偶戏作为化州本地的传统木偶戏，自然也迎来了新的发展时期。据20世纪80年代末不完全统计：当时化州全县有木偶班200多个（经常活动的有80个），其中单人班24个。截至2000年年末统计，全市木偶班40多个，其中较常活动的20多个，单人班4个。主要木偶艺人有黄德均、王文彬、尤冠辉、麦秀梅、宋昌标、李文保、岑炳新、劳龙寿、劳美新、杨权珍、杨瑞尧、周冠英、钟伟政、姚强文、荣福仔、黄柏林、温文智、曾郁丰、曾郁华、董振声、吴德业、吴亚章等。

实际上，化州木偶戏在民间一直有传承与发展，尤其农村地区，是木偶戏最具魅力的市场。进入21世纪以来，一些村逢年过节或有喜庆事，仍爱演出木偶戏。此外，政府也通过木偶戏组织演出，推动传统文化复兴。2006年9月至10月间，茂名市举办"金秋十月，文化茂名——茂名特色文化活动月"的活动，化州市醒民木偶剧团参与演出活动，受到市民欢迎。

尤其是近年来，在中华文化复兴背景下，传统文化地位进一步提高，木偶戏中蕴含的文化教育价值被进一步发掘，化州木偶戏迎来了新的历史发展契机。化州木偶戏作为具有地方特色的木偶戏，是中国传统文化的宝贵财富，它值得被重视，并被赋予新的文化价值。

第二节　化州木偶戏是非物质文化遗产

在重视传统文化的背景下，拥有浓厚历史文化底蕴与传统的木偶戏纷纷申请非物质文化遗产，化州木偶戏自然在其中。中国的木偶戏要比真人表演的戏剧更早出现，追溯其历史，目前学术界主张"源于汉，盛于唐"，木偶戏已有

2000多年的历史。《搜神记》记载："汉时京师宾婚嘉会，皆作傀儡。"有一个在老艺人中世代相沿的有关木偶的传说：汉朝谋臣陈平制作木偶立于城头，巧妙解脱匈奴围困。唐《通典》："作偶人以戏，善歌舞。"《封氏闻见记》也记唐大历年间（766—779），艺人"刻木为尉迟鄂公，突厥斗将之戏，机关动作，不异于生"。《拾遗记》则云："南陲之南，有扶娄之国，其人善机巧变化，或于掌中备百兽之乐，宛转屈曲于指间，人形或长数分，或复数寸，神怪倏忽，玄丽于时。"这些记载充分说明了唐朝时南方木偶艺术已经比较普遍，并且技巧相当高超。

木偶戏是一种群众喜闻乐见的民间戏曲艺术，化州木偶戏以当地方言演出，唱词为七字诗体句式，唱腔独特，称"木偶腔"，以叙事方式进行。木偶戏内容多取自历史演义、公案小说、民间传奇、神话故事，传统剧目不下数百种。所演人物忠奸、善恶分明，对群众有传播历史知识和传统道德教化作用。

化州木偶像头雕刻精巧，表演技艺精湛，偶像可做眨眼、喷烟、喷火等高难度动作，木偶艺人集唱、做、念、打和奏乐于一身，是一门融会了雕刻、服装、表演、剧本、音乐诸元素的民间戏曲艺术，是优秀的人类精神文化遗产，是中国民间艺术瑰宝。先有傀戏，后有人戏。化妆木偶戏对研究中国戏剧发展史、民族民俗文化史、社区史和建设新文化都具有重要意义。

然而在社会发展过程中，化州木偶戏正面临生存危机和失传的危险。社会转型、强势经济冲击、文化多元化、青年人娱乐取向转变、观众剧减，这些都使化州木偶戏生存面临危机。木偶艺术后继乏人，一些著名木偶艺人后代不愿继承衣钵，社会上也难找人传承，茂名木偶戏甚至面临着消亡的危险。

建于明嘉靖十四年（1535）的茂名冼太庙，是遍布茂名市的众多冼太庙中规模最大的一座。就在离这座庙建成并不远的明万历年间（1572—1620），传自福建布袋木偶的茂名木偶戏，开始广泛流传于茂名的村村寨寨，甚至影响周边不少区域，呈现传播的特征，化州木偶戏也是从中演化而来。

化州木偶戏已经融入化州人的生活，逢年过节或婚娶喜庆的日子，化州人都会不惜耗资请一台"鬼仔戏"。

在化州很多上了年纪的人心目中，"鬼仔戏"是儿时久远而温馨的记忆。二三十年前，一个艺人，一担箩筐，一个布架子，一个锣鼓，几个木偶，就成了一台木偶戏的全部"家当"。每当锣鼓一响，村民们便里三层外三层地将小小的木偶戏台围个水泄不通。那木偶戏艺人仿佛有三头六臂一般，这边敲打锣钹，那边手脚并用，将木偶舞弄得令人眼花缭乱，同时嘴里还要根据生、旦、净、丑不同角色，唱出、说出不同腔调。歌声、笑声此起彼伏，锣鼓声和木偶戏特有的音调，给静寂的乡村夜空带来难得的沸腾。

孩子们大胆地掀开幕布，有的直接往里钻。看过木偶的化州人，不会不熟悉这种一探究竟的眼神。那像一个褪了色的大箱子的戏台里，那三四层的幕布后，藏着神奇的魔术师、古怪的发动机，让一个个木头人变成劝世娱人的精灵。就是这方戏台上演绎的故事，这些千奇百怪、亦真亦幻，但不外乎劝人行善、教人智慧、锻炼勇气、养成义气的故事，让人们在孩童时得到对这光怪陆离的世界的些微认识。像任何成长的小孩一样，倘不遇大的变故，从故事中得到的认识，将终其一生起着作用。

木偶是这片土地的情感记忆，但并不仅仅如此。木偶戏与本地文化融合，形成新的文化，木偶戏就是这里最耀眼的枝叶和果实，它承载着这片土地、这座城市无数的荣誉。

随着时代发展，化州木偶戏不仅走出化州，走向全国，甚至还成为与世界其他国家和地区的传统文化交流项目。尤其是东南亚地区、日本等受中国传统文化影响较大并且华人华侨较多的地区，都比较重视木偶文化交流。实际上，木偶文化是一种世界性的文化，很多国家都有自己独特的木偶文化，化州木偶戏是其中有特色的一支。

当木偶文化成为非物质文化遗产，政府出于支持传统文化之目的，也会增加投入，创建各种木偶艺术中心，创建融木偶演出、木偶制作、木偶销售、木偶教学（辅导）、木偶展览为一体的场所，推出各种木偶剧目，从而真正让木偶戏这一非物质文化遗产在新时期焕发出新的光芒。

第三节 化州木偶戏的文化内涵与特点

木偶戏不难理解，简单来说，戏曲的主角是由能工巧匠雕刻出来的栩栩如生的木偶，艺人通过戏曲的形式将剧情和对白唱念出来。木偶戏作为传统文化，在中国历史文化和社会文化发展中有着独特的价值。化州木偶戏源远流长，是广东传统民俗艺术重要品类之一，是一种延伸性、继承性和群众性都很高的地方传统艺术，在当地民间极受欢迎。其人物道具精巧传神，表演技艺纯熟巧妙，具有较高的历史艺术研究价值。单人木偶戏传播的忠、孝、仁、义、礼等优秀传统观念，对现代社会仍具有深远的教育意义，特别是经过传承发展，化州木偶戏被赋予了新的思想内涵，在新一轮文化发展浪潮中呈现了新的生命力。保护单人木偶戏对传承发展民俗传统文化，丰富群众文化生活有着重要意义。

一、化州木偶戏的类型

化州木偶戏表演方式灵活，既可以多人表演，也可以单人表演；表演场地多变，在走街串巷中可以表演，也可以专门搭建舞台表演；表演内容多样化，既有传统曲目，也有近现代曲目，甚至还有一些表演者可以即兴创作。化州木偶戏的主要观众是广大本地人，不过近年来化州木偶戏也逐渐登上了一些比较专业的艺术舞台，在更广层面上接受观众的欣赏。

广东化州单人木偶戏是人们喜闻乐见的一门艺术。单人木偶戏也叫"单人戏"或"单台戏"，全是由师傅口传意授，徒弟潜心强记。一个艺人坐在小舞台内幕后，边说边唱边敲打乐器，用另一只手操纵木偶表演。右手并脚敲锣打鼓，左手操纵木偶，连说唱带表演。一人多角，生、旦、净、末、丑等小杖头木偶，按角色行当而各有不同的表演程式和动作，一人说唱出男女老少不同的声音，各种角色行当的语言特色和喜怒哀乐的情味。一张薄嘴，既唱男腔又

7

唱子喉；一双巧手，不停地敲锣打鼓，又不停地摆弄"傀头"，做出行、坐、跳、打等动作，还得给"傀头"更衣换冠。单人木偶对艺人的要求最高。单人木偶戏装备少，布台简单，一担戏箱就可以装完全副家当，一张方桌一个舞台，素有"两杆青竹歌前贤，方丈舞台砺后人"的美誉。一班单人木偶戏有三十来个木偶，角色分"生、旦、丑、公、婆、净"等十大行当，脸谱各异；唱腔多为七言句或十言句，在当地民歌基础上吸收粤剧唱腔发展形成，同时以锣、鼓、钹、木鱼伴奏，有完整的击乐规范，唱、念、做、打皆由一人完成；演出剧目以传统故事和当地传说故事为主。特别是近代，化州木偶戏艺人在传统的基础上大胆创新，创作了一批以反映新时代人物思想为主题的新剧本，为丰富当地群众精神文化生活，推进社会主义新农村建设做出了巨大贡献。[①]单人木偶戏舞台简单，成本低廉，十分适宜在农村流动表演，艺人集弄舞木偶、打击锣鼓、念唱台词于一身，具有极强的技巧性和观赏性。剧本内容以宣扬忠、孝、仁、义、礼传统思想和反映才子佳人、帝王将相故事为主。唱腔抑扬优美，极具地方特色。单人木偶戏表演时由一名艺人操作，表演难度非常大。木偶的造型及制作十分讲究，多选用质地细软的松木精雕细刻而成，面部采用变形夸张的艺术手法彩绘装饰，口眼皆可活动，仪态传神逼真，栩栩如生。经过400多年的演变发展，化州单人木偶戏在茂名木偶戏行业中独树一帜。单人木偶戏制作的木偶，脸部勾画很像戏曲脸谱，造型富于想象力，大大小小，形状万千，线条明朗流畅，色彩鲜艳丰富。木偶能左顾右盼，上蹿下跳，嘴巴一张一合，手指伸屈自如，穿上一套合适的衣服，形态逼真、呼之欲应。化州木偶雕刻有一套规范，叫"程式规范"，如脸形分国字脸、田字脸、日字脸、甲字脸、鹅蛋脸、瓜子脸等，眼睛分蚂蚱眼、凤眼、铜铃眼、鼠眼、獐眼等。

化州木偶戏就其舞傀形式分，主要有杖头木偶，杖头木偶又有小傀、大傀之别；就其规模大小分，有单台戏（1人）、中班（3~6人）、大班（10多人）；就其唱腔分，有唱鬼仔戏者，有唱粤曲者。一班木偶戏有30多个木偶头像，分生、旦、净、丑、武生、须生等角色。演出时以锣、钹、鼓、木鱼等打

---

① 汤彪.高州单人木偶戏音乐及其审美特征探微［J］.广东艺术，2012（5）：50-53.

击乐配合出场和过门，艺人按角色行当不同的表演程式和动作表演，唱出男女老少不同的声音和各种角色行当的语言特色。木偶戏的唱腔是在当地流行的山歌调基础上演变而成的。曲口近乎七字句山歌，曲调简单；唱法以吐字为重，讲究喉尾拖腔。叙唱用平喉，叹唱用苦喉，女唱用子喉或假声。表演武打技艺也非常精巧，艺人两手各操一个木偶，一个拿牌，一个拿叉，打斗中一招一式，惊险动人，变幻莫测，配以锣鼓齐鸣，实在令人叹服。

另外一种"阴阳班"指的是白天（下午开始）舞傀儡唱粤曲，夜晚由化妆演员演唱，与一般粤剧无异。境内各种类型之木偶班，以唱鬼仔戏者为主体，化北多为单台戏，化南多为中班、大班。由于鬼仔戏用本地话演唱，声韵悠扬，妇孺皆懂，为群众喜闻乐观，历久不衰。每当民间节日、农闲或其他庆典，群众多请木偶班演唱助兴，台期一般三五天，也有连演上个把月者。

木偶艺人的表演有独到之处，碎步移动、身段旋转、水袖撩拨，均栩栩如生，唱腔方面，加入化北山歌、采茶歌、北流民歌等，有时还加一些粤曲小调，使之更为丰富。化南木偶戏与化北的大致相同，不同之处是化南木偶戏重唱，唱做时间均比化北的长。

二、化州木偶的角色

化州木偶戏剧角色，可以分为生（老生、须生、小生）、旦（正旦、老旦、小旦、武旦、媒旦）、净（大花脸、二花脸）、末、丑。脸谱形式不同于京剧脸谱，而跟秦腔脸谱相似。其中部分脸谱因为受当地风俗的影响，与当地的社火脸谱相似。

1. 生行

生行，扮演的是男性角色，是戏曲表演主要行当之一。按其扮演人物属性、性格特征和表演特点，大致可分为老生、小生、武生、红生、娃娃生等类。老生主要扮演中年以上性格正直刚毅的正面人物，因多戴髯口，故又称须生，俗称胡子生。小生主要扮演年轻英俊的男性角色。武生主要扮演勇猛战将或绿林英雄。另有红生一行，主要扮演关羽，因勾红脸，故又称红生。娃娃生扮演儿童角色。

2. 旦行

旦行中有青衣（正旦）、花衫、花旦、刀马旦、武旦、老旦。

青衣。旦行里最主要的一类是青衣。青衣还有一个名称叫正旦，扮演的一般都是端庄、严肃、正派的人物。从服装上看，青衣穿青褶子为多，所以青衣的另外一个名称叫青衫，简称衫子。

花旦。旦行的第二大类叫花旦。从服装上来说，都是穿裙衣裳，即便是穿长衣裳也绣着色彩鲜艳的花样。

花衫。旦行里的一个重要行当，包含了青衣的端庄严肃，花旦的活泼开朗和武旦的武打工架。

武旦是扮演一些精通武艺的女性角色。

老旦是扮演老年妇女的角色。

3. 净行

净行，俗称花脸，又叫花面。一般都是扮演男性角色。净行可分为正净（大花脸），地位较高，举止稳重的忠臣良将；副净（二花脸），俗称架子花脸，大多扮演性格粗豪莽撞的人物；武净（武花脸），扮演以武打为主的角色。

4. 末行

末行，扮演中年以上男子，多数挂须。又细分为老生、末、老外。

5. 丑行

丑行（小花脸或三花脸），是喜剧角色，在鼻梁眼窝间勾画脸谱，多扮演滑稽调笑式的人物。

三、化州木偶戏传统曲目

化州木偶戏曲目，一般取材于《三国演义》《水浒传》《西游记》《封神榜》《说唐》《杨家将》《岳飞传》《包公案》等。1987年6月7日，应中国人民对外友好协会广东分会的邀请，日本木偶艺术家、东京铜锣木偶剧团团长宫原大刀夫先生及夫人静枝到化州进行了艺术交流，对化州木偶艺术做了高度评价，进一步提高了化州木偶戏的国际知名度。1987年12月，化州木偶艺人曾郁华、宋昌标、劳龙寿、吴德业四个单人木偶班，赴广州参加广东省首届民间艺术欢乐节，在东方乐园演出《罗通扫北》《杨文广攻击朱家寨》《蒋公主追亲》《曾义逼婚》等剧目，历时10天，受到中外游客的好评。

以下是部分化州木偶剧传统经典曲目。

（一）杨家将系列

根据杨家将系列小说，主要是《杨家府演义》等改编，都以北宋时期的边境战争为题材，反映的历史事件时间跨度很长，从宋太祖赵匡胤登基写起，直到宋神宗止，约有100年的历史。主要讲述杨家祖孙五代对辽和西夏作战的故事，包括杨令公撞死李陵碑，杨六郎镇守三关，杨宗保大破天门阵，十二寡妇征西等，最后以杨怀玉率领全家赴太行山隐居作结。其中著名的剧目有《穆桂英挂帅》《穆桂英招亲》等。

（二）狄青平西

叙述了北宋名将狄青的故事。狄青9岁时遇洪水与母失散，被峨眉山仙师王禅老祖收为徒弟。7年后赴汴京寻母，与绿林好汉张忠、李义结为兄弟。他们在万花楼饮酒时，遇到奸臣胡坤之子胡伦，引起争斗，狄青将胡伦摔死。国丈庞洪之婿，兵部尚书孙秀与胡坤交情很深，逮捕狄青三人，幸好被包公开释。正值西夏大举进犯，杨宗保元帅告急，狄青在校场粉壁题诗述志，又被孙秀引为口实，下令斩首，幸而为汝南王郑印所救，免于一死。后来遇到狄太后之子潞花王赵璧，与姑母狄太后相认，从此成了御戚。在御前比武，斩了庞洪心腹大将王天化，取代王天化一品之职，因此与庞洪、孙秀再次结仇。狄青与石玉送征衣到西部边关，在杨宗保元帅指挥下，屡立战功，又多次被庞、孙等陷害，幸得包公主持正义，才幸免于难。西夏再次进犯，杨宗保被混元锤打中丧生，形势危急，狄青被加封为天下招讨元帅，与石玉、张忠、李义、刘庆合称五虎将，领兵西征，打败西夏。番兵百花公主在阵前爱上了杨宗保之子杨文广，归降宋朝。西夏称臣请和。仁宗降旨，狄青与范仲淹之女完婚，杨文广与百花公主结合，全剧在喜庆气氛中结束。

（三）《花笺记》

明末清初广东弹词木鱼歌创作作品，全称《第八才子书花笺记》，共59回。《花笺记》是粤调说唱文学唱本的佼佼者，在海内外粤语华人中极为流行。《花笺记》写的是书生梁沧与女子杨瑶仙、刘玉卿三人的恋爱故事。才子梁沧对表妹杨瑶仙惊鸿一瞥后，便魂牵梦萦，甚至搬到瑶仙隔壁，等待机会。杨父有感梁沧天才横溢，便设下花间偏门，方便与梁沧往来。一天梁沧偶见瑶仙之题词，赞赏之余立刻赋诗和应，两人从此笔墨相交，未几便至私订终身。然而那边厢梁父已做主为梁沧婚配尚书女儿，并急召梁沧返乡。梁沧不肯另娶，道出已有婚盟，梁父怒，与梁沧断绝父子之情。瑶仙得悉梁沧回乡娶妻，伤心之下把花笺撕碎，与其父迁往京城。梁沧返杨家，惊见已人去楼空。他身无分文被迫行乞，后幸遇其表弟上京赴考，两人遂一同赴试。梁沧高中状元，对瑶仙解释事情始末，两人再续前缘。随即梁沧被派往边关平贼，屡次讹传战死，梁父闻讯即从家乡上京，梁沧终于凯旋，梁父亦允许他与瑶仙共偕连理。

可见，化州木偶戏曲目取材一般是历史传说题材，也有部分民间传说题材，都是中华传统文化的重要组成部分。

第二章
民族文化与世界文化

化州木偶戏既是民族文化，也是世界文化。作为一种传统民族文化，它在当代社会的发展中遭遇了生产与发展危机。作为一种世界文化，它具有独特的历史文化价值，并且有待向世界传播与发展。作为当代化州人，应该从文化角度传承和发展木偶文化，让其民族文化和世界文化的价值体现出来。

第一节　化州木偶戏的民族文化特性

化州木偶戏是广东地区极富地方特色的民间戏种，具有悠久的发展历史。明朝时期，闽南地区的木偶戏传入化州，后逐渐与化州地区的民俗文化、民间艺术特色相融合，最终形成独立的戏剧剧种。化州木偶戏艺术价值极高，属于非物质文化遗产。在化州当地流传着"陈成讲鬼、光华为师"的典故。在明末清初，化州木偶戏出现了新的发展特色。化州木偶戏最初是用于战争场面，为了鼓舞士兵赢得战争胜利。明末清初时的木偶人是由稻草制作的，但由于稻草制成的木偶人身体轻盈，表演故事时不能很好地调动士兵的气势，随后改成木头制作，用鬼头讲故事做戏，增强了士兵的气势，由此出现了"陈成讲鬼"这一典故。因"讲鬼"这一风气的兴起，引来了"鬼神"看戏，导致民间家禽的死亡，对此，民间就有了"光华师傅来收妖"这一典故。这里的"光华"是如来佛祖的化身，能够保佑民众免受鬼怪的骚扰，由此家家户户在家中设立了"光华"。

20世纪70—80年代，化州木偶戏进入了全盛时期，涌现出大批制作精良、表演形式多样的木偶戏作品，民间的木偶戏团数量、规模以及演出场数大幅度增加。从20世纪90年代开始，广东木偶戏受到外来文化的冲击，发展进入停滞状态，化州木偶戏班缩减规模。为应对这一情况，化州木偶文化机构团体确定"木偶真人化"的发展目标，多渠道开辟演出市场，让化州木偶戏走上了良性发展轨道。

一、化州木偶戏的传承与发展现状

化州木偶戏传承至今有什么改变？这种传统艺术在当今社会下发展是否存在困难？为了适应时代发展，化州木偶文化机构团体改变了化州木偶戏原有的唱腔和舞台设计，赋予了木偶戏新的生机。但目前木偶戏剧目创新不足、艺人流失和观众流失的问题依旧突出。

1. 剧目创新不足

化州木偶戏的剧目多选自神话和民间传说，著名剧目有《柳毅传书》《三打白骨精》《白蛇传》等10多套。木偶戏班长期以来按照已有剧目表演，老一辈艺人的文化素养不足以支撑他们推陈出新，迎合时代潮流，而随着我国城镇社会经济的不断发展，多种新时代文化的涌现对人们的文化意识、欣赏习惯和观念产生了很大影响，年青一代对接触木偶戏不甚热情，更遑论钻研剧目。

随着多媒体时代的到来，民众有了更多的音乐活动可以选择，也有了更多的方式来进行娱乐消遣，渐渐地，木偶戏不再属于时代潮流，而更多地成为化州地区民众的童年记忆和乡土民俗音乐活动。因此近年来，化州木偶戏的演出市场日益萎缩，演出场次减少，出场费不断下降。专业化州木偶戏演出团体减少，加上演出经常不定时，前期准备工作不足（排练时间短、现有剧目少、演员水平低），导致演出效果不佳。此外，很多民间木偶戏班的演出邀约也日渐减少，大部分艺人不堪重负，民间木偶戏班从高峰时期的2000多个缩减为200多个。剩余的民间戏班只能惨淡维持经营，没有多余的精力和时间投入剧目创新中。

2. 木偶艺人流失

化州木偶戏班的木偶艺人主要集中在中老年，目前招收新艺人非常难。在化州地区的艺校以及广东的艺校都没有专门培训木偶艺人的课程，新进戏班的演员们在艺校学习时期已打下基本功和唱功的基础，只要刻苦练功，很快就能学会操控木偶。即便如此，在一些重大节目会演时，部分已经退休的木偶艺人仍需要重新回到戏班帮助相对年轻的木偶艺人演出。

木偶艺人的收入在很大程度上决定了他们演艺事业的长短。化州地区的木偶艺人的收入参差不齐，大部分民间的木偶艺人只能靠副业增加收入，如务农、微商、开个体店铺等，很多民间木偶艺人无暇兼顾，为了生计选择转行，造成了大量的人才流失。

3. 观众的流失

在当今经济大潮和多媒体文化的冲击下，观众的价值观、人生观、审美观都发生着巨大的变化。各种艺术形式争夺观众的竞争日趋激烈。面对电影、电视、网络转型期，化州木偶戏赖以生存的固守常规的精神氛围和耽溺故旧的审美情趣，在观众的身上已所剩无几。

在观看演出时，老年观众依旧是化州木偶戏观众的主力军。他们表示观看木偶戏通常是因为旧时代的娱乐方式太少，观看木偶戏有点类似于现代的年轻人看电影，所以这个习惯一直伴随着他们。然而，他们也反映现在的化州木偶戏与以往相比，演出质量降低了不少。很多他们小时候看的戏已经不再演出了，现在演出的木偶戏形式比较单一，木偶艺人的演出水平也逐年下降。

年轻的观众群体不喜欢看木偶戏的原因在于木偶戏与现代生活太脱节，无法满足自己的审美期望。许多传统木偶戏都是围绕历史故事和神话传说展开的，故事大多是宣扬封建的伦理道德、三纲五常，这与现代观众的审美期望相去甚远，难以让观众产生与自己生活体验相通的现实联想，从而让观众感到陌生和遥远。这种距离感封闭了观众情感的闸门，也导致了年轻观众的大批流失。

化州木偶戏面临着剧目创新难、演员收入不稳定、演员老龄化、演出水平下降、观众流失等问题，导致了化州木偶戏发展停滞不前，与新时代环境脱节。

二、当代文化语境下化州木偶戏的传承发展对策

非物质文化遗产体现了民族文化发展的历程，化州木偶戏作为一项非物质文化遗产，其中蕴含着丰富的民族文化内涵，具有鲜明的独特性及民间性。若想传承化州木偶戏这一类非物质文化遗产，让木偶文化被大众所认知，应做到如下几点。

1. 协调社会各方面力量，提高木偶戏剧本质量

化州木偶戏作为一项非物质文化遗产，在经济大潮中难以承担起自我发展的重任，因此，保护和发展非物质文化遗产需要全社会各方面的共同关注与参与。

近年来，化州市文化广电新闻出版局等文化部门对木偶戏进行了整理研究工作，使用了录音、影像和文字等方法来记录木偶使用类型、唱腔唱法、舞台设计及现存剧目等信息。相关部门还应整合社会资源，积极引导社会力量参与到非物质文化遗产的保护与传承工作中，如引导广大群众积极参与到对化州木偶戏相关资料的挖掘和整理中，为化州木偶戏的改革创新做出贡献，大力支持相关行业人士，使之提高文化素养，创作更多优秀作品。

2. 采取有力措施，加强培养化州木偶戏人才

只有培养表演人才，木偶戏类非物质文化遗产才不会后继无人，才得以一直发展流传下去。[①]政府应建立化州木偶戏文化传承人（传承单位）的认定和培训机制，通过资助扶持等手段，为他们开展传承活动提供场所和经费，从而实现化州木偶戏的传承和传播。另外，应该借鉴泉州提线木偶在泉州艺术学校、福建省艺术职业学院和上海戏剧学院联合办学培养表演高端复合型人才的成功经验，重点解决艺术人才青黄不接的问题；认真办好木偶戏专业，如在广东石化学院和化州职业技术学院设立相应的专业，以便吸引更多的年轻人选择学习木偶戏，培养出更多优秀的化州木偶戏年轻后备表演人才；重视开展非物

---

① 王伽娜.非物质文化遗产的现代性危机——以高州木偶戏和采茶戏为例［J］.人民音乐，
　2012（5）.

质文化遗产项目进当地幼儿园以及中小学校园活动，把化州木偶戏表演技艺列入化州市各幼儿园以及中小学校教育内容，探索解决传承难的问题，培养更多的木偶戏传承后代。

3. 运用现代科技宣传木偶戏，扩大木偶戏观众规模

随着社会的发展，互联网成为快捷有效的文化传播工具之一。人们从网络获取信息的同时，也会被网络影响自身的审美方式。化州木偶戏的各大剧团可以建立微信公众号和剧团的官方网站，在公众号和官网上介绍化州木偶戏知识，并上传木偶演出片段，定期发布演出信息并全程直播来吸引观众，通过观众的实时弹幕了解观众对于木偶戏的看法，并组织化州木偶戏的线上或线下交流大会，提高群众对木偶戏的关注度，为化州木偶戏的传承和发展创造更加良好的条件。

三、化州木偶戏的传统民俗文化特质

1989年，在纪念五四运动70周年的学术讨论会上，钟敬文先生正式提出了"民俗文化学"的概念。他说，"民俗文化"是世间广泛流传的各种风俗习尚的总称。化州木偶戏作为当地不可或缺的艺术表现形式，是与化州民俗文化共生的一个整体，是一种带有鲜明民俗文化特质的戏剧形式。相传，化州的木偶戏始于明朝万历年间，至今已有400多年的历史。现今，化州地区有木偶戏班50多个，以单人木偶戏为主。单人木偶戏也是化州木偶戏表演的原始形态，可以说在很大层面上，化州单人木偶戏体现了化州木偶戏的民俗文化特质，是化州民俗文化的积淀与浓缩。

化州单人木偶戏的演出方式是"一人一台戏"，即一个艺人用扁担挑着两箱木偶到演出场所，以叙事的方式，集唱、念、打、演于一身进行表演。表演一般是没有剧本的，艺人根据神话传说、历史演义、民间故事等随机应变地作词编句，在戏台上边演边唱，俗称"爆肚戏"。

化州单人木偶戏与化州的民俗文化有着千丝万缕的联系，化州单人木偶戏满足了人们的精神文化需求，寄托了人们对生活的美好愿望，在民俗活动中扮演着重要的角色。

第二节 化州木偶戏的文化自信基因

木偶戏在中国是一类珍贵剧种，也是非物质文化遗产。近年来，国家以及地方政府加大了对木偶戏的扶持，其中部分地方木偶戏被纳入《国家非物质文化遗产名录》，促进了木偶戏的发展传承。木偶戏在传统中华文化方面具有独特价值，是中国艺术瑰宝，即使在世界艺术体系中，也闪耀着独特光芒。在中华民族文化复兴中，在中华民族文化自信建设中，木偶艺术以其独特的价值传承着中华文化自信。

一、木偶传承历史与表演特点

木偶戏在中国出现的时间较早，传承已有千年。在中国漫长的历史进程中，木偶戏呈现强大的生命力，它们从一个地区传播到另一个地区，并且与当地文化相结合，逐渐形成各具地方特色的木偶戏文化。广东化州木偶戏是宋元时期从福建引进的，历史悠久。在千年传承中，化州木偶传承的不仅仅是木偶表演艺术形式，更是当地民俗文化以及传统思想等。当代化州的木偶艺术，依旧会继续传承下去，成为本地最有民俗特色的传统文化之一。

化州木偶造型精美，画线技巧灵活、独特生动，对话内容多种多样，情节鼓舞人心。在表演过程中，操控木偶表演的人，通过控制木偶做出各种动作，展示出各种剧情内容。木偶戏的具体表演是灵活的，与表演者操作水平有一定关系。有时候表演者少，一个人操作两个木偶进行表演；有时候表演者多，也可以合作表演更复杂的剧情。演员使用一对灵活的手连续操作，以控制木偶表现出各种动作和表情。传统木偶基本上都是基于角色的，动物木偶却很少。木偶根据剧情的需要安排"演员"，即各种木偶角色。传统化州木偶戏表演侧重于传统美德的传播，并从一个喜庆的场合开始。在表演过程中，孝顺、仁爱、友谊、互助、文明等以木偶表演小故事的形式传播，并以流行的情节来赞美真、善、美，引导人识别虚假与邪恶。然而，随着时代的发展，化州木偶也需要与时俱进，不断融入新的方式，既传承传统文化特色，又创造新的特色，如考虑加入更符合现代儿童教育理念的一些新的特色角色与表演方式。

二、化州木偶戏的艺术价值

化州木偶戏的重点是"身体魅力"，而人类戏的重点是"形态魅力"。木偶戏有丰富的表演手法，从而使观众充满想象力。木偶还可以执行困难的动作，其动作与语言皆为表演者操作执行，此种方式同样可体现人形木偶艺术特征。在各种类型的木偶戏中，化州木偶戏具有生动的舞台艺术形象、广泛的表演内容和复杂的表演动作，它是一个极难操纵的木偶剧院。木偶戏历史悠久，艺术特色独特，体系完备。它既可以表演传统曲目，也可以表演现代戏剧，并且具有很强的艺术生命力。

从艺术价值的角度看，木偶制作精美，是传统文化艺术的体现，艺术价值高。在表演过程中也呈诸多艺术魅力，如形态美感、故事魅力、表演技巧等。

从教育价值层面而言，木偶剧院通过组织观看方式，对群众起着微妙的教育作用，激发了广大人民群众对社会主义现代化建设的热情。木偶艺术表演与党的政策方针、宣传路线等相结合，可推进当地文化发展，以实现扩大宣传范围的效果。

从观赏价值的角度看，木偶戏独特，受欢迎，可以进一步丰富人民的文化生活，满足人民日益增长的文化需求。

从国际交流的价值看，木偶戏在海内外华人心中是难忘的。通过木偶戏可有效扩大对外文化演出与交流，加深海内外的相互了解，增进友谊。

从研究价值而言，木偶戏艺术可经受历史考验。它在创作、生产、营销、运营、管理等方面积累了众多经验，对人才培养和艺术传承也存在行之有效的方式，拥有中国特色，研究价值较高。

三、化州木偶戏发展现状及原因

由于木偶戏演员的老龄化趋势不断上升，而年长的一批演员又开始逐步退出木偶戏的舞台，现在的传承人也都不大喜欢学习木偶艺术，对古老的木偶艺术不感兴趣，更不愿意继承这古老的艺术精华，导致以往的宗族传承形式，就这样慢慢地被忽视掉。怎样能让年轻一代欣赏化州木偶戏，并且为木偶戏团注入新生的血液，是现在的木偶戏团发展存在的难点。需求促进生产是永远不变的定理，木偶戏的观众人数在减少，表演的人数在减少。自然，表演木偶戏的收入并不高，木偶戏艺人们付出的努力几乎与回报不成正比，愿意学习制作木偶戏的人数也急剧下降，导致继承者不断缩水的恶性循环。

当代生活的快节奏和传统木偶戏艺术的慢节奏很难匹配。经济和市场的全球化将不可避免地带来文化传播的全球化。一方面，现代媒体的发展促进了各种文化的交流与融合，极大地丰富了人们的文化生活，创造了多样化的文化模式和受众选择。另一方面，它也导致人们的意识形态、价值观和审美品位发生了巨大变化。可以说，中国传统戏曲赖以生存的文化土壤早已不复存在，传统文化艺术的发展和市场基础正面临严峻挑战。由于生活节奏的加快和生活压力的增加，当代人很难有闲暇去咀嚼缓慢而深刻的古典艺术。"快餐"娱乐方式可以直接激发人们的感官，帮助人们调整心情或暂时摆脱现实的束缚。这种当代的"快餐"娱乐和文化环境创造了一种快节奏的娱乐消费模式，而慢节奏的木偶戏则显得格格不入。当今的文化和艺术正变得越来越工业化，流行文化似乎已成为现代人炫耀其"先进性"的标志。因此，人们急于赶上潮流，传统木偶表演文化面临衰落的风险。

四、基于文化自信保护化州木偶戏

面对危机，我们必须采取切实可行的措施，有效地保护和发扬奇妙的木偶戏。

1. 应构建并完善保护"非遗"的各级机构

健全木偶艺术表演发展传承科研队伍，根据现有木偶戏传承情况，科学系统地制订保护方案，收集整理相关资料，构建系统详细的档案，以便达到有计划、有针对性的保护目的。

2. 构建木偶艺术长效传承机制

拟订年度计划，明确继任目标，组织继任者培训班，激发木偶艺术家积极参加对木偶戏的保护，表彰并奖励对保护传承工作有突出贡献的人。并且，在艺术学院中开设一些课程，以使热爱木偶艺术的人能够有渠道接触并了解木偶戏表演艺术。

3. 创新改革木偶艺术

应当摆脱传统表演思维，让木偶戏剧目和主题能够适应当今技术与文化的发展。一方面，化州木偶戏可通过改变木偶形状，依靠现代技术将木偶设计得更加逼真；另一方面，可结合电影等媒体，创新传统主题并使其充满时代感。

4. 为儿童木偶戏奠定基础

各地区选择本地重点幼儿园和小学，设置儿童木偶班，实施儿童木偶表演活动，为化州木偶戏传承提供新种子。

5. 将演出市场扩大

应当加大宣传，完善演出经纪人制度，组织人员在学校、农村及工厂等场地进行活动演出，并与传统节日相结合，增加演出渠道。通过对外文化交流方式，增加木偶戏的知名度，增强木偶戏的影响力。

6. 必须加大支持力度

政府财政部门应加大投入，更新剧场的木偶剧院、音响设备、服装及舞台，促进演出效果及质量提高。逐渐提高木偶戏艺术表演者薪酬待遇，进而增强演艺人员的责任感与荣誉感。制定相应的补贴标准，支持木偶艺术的传承与实践，让木偶艺术真正成为有后继者的艺术。

第三章

传承传统文化从娃娃抓起

木偶戏以一种全新的方式将幼儿带入了艺术世界，让幼儿在木偶艺术表演中学会了分辨美与丑、善与恶，懂得"团结就是力量"的道理。木偶戏丰富了幼儿园教育教学活动的内容，扩大了幼儿的视野，充实了幼儿的生活，促进幼儿在传统文化的熏陶下健康地成长。木偶戏的表演形式更适合具有表演天性的幼儿，能够满足幼儿喜欢摆弄小木偶的兴趣，发展幼儿的语言、想象、创造、表现等各种能力。为了传承这一民间艺术，幼儿园以各种木偶为道具，将民间木偶艺术融入幼儿园戏剧活动中，努力寻求适合幼儿的木偶表演形式，开展丰富多彩的戏剧游戏，促进幼儿综合素质的发展。

第一节　木偶游戏推进传统文化传承

通过木偶表演，以活动促保护，营造民间文化活动长流不息的氛围，促进传统文化的保护和传承。

一、幼儿喜欢木偶游戏

玩木偶是幼儿喜爱的活动之一，只要制作一个木偶台，投放各式各样的木偶，他们就会自行操作，绘声绘色地表演起来。

幼儿要进行木偶表演，需要掌握木偶的操纵法和表演技巧。

以布袋木偶为例，其操作一般是将食指伸进木偶的头腔，操纵头部的动作，大拇指与其余三指分别伸进木偶的左右两袖中，操纵木偶双臂的动作。木偶的表演技巧比较简单，一般点头表示同意，摇头表示反对，低头表示思考，拍手表示高兴。木偶的动作可让幼儿自由表现，配上形象生动的语言、优美的音乐，就可以表演得形象生动。年龄小的幼儿注重的是操纵木偶的兴趣，他们不一定要木偶台，举着木偶就可以唱歌、跳舞、讲故事；稍大一点的幼儿会用木偶表现部分角色和剧情；年龄较大的幼儿逐渐能分角色合作表演，想象创作，表演出一幕幕的木偶剧。

二、幼儿园开展木偶剧教学的必要性

作为幼儿教育的重要组成部分，幼儿教育涵盖了语言、社会、科学以及艺术等多个领域。就艺术教育来讲，除了传统意义上的美术和音乐外，还包括舞蹈、喜剧等多个方面的内容和形式，内涵丰富，形式多样。戏剧作为一门综合的内容，包括音乐、舞蹈、雕塑等内容和方式，扩大了教育的时间范围和空间方位，可视性很强，同时又具有很强的综合性。在戏剧的表演过程中，通过丰富的故事情节，将音乐、美术、舞蹈等多种元素结合起来，使表现形式和内容更加丰富多彩。

木偶戏作为戏剧的一种，在表现形式上更加多样化，同时也更切合幼儿的年龄特点和心理特点，对幼儿的教育有着积极的促进作用。在幼儿园教育中融入木偶戏，可以使单调枯燥的课堂教学内容更加多样化，扩展幼儿的认知，使幼儿在观看木偶戏的同时学到新的知识。通过将木偶戏融入幼儿教学当中，同时将活动目标、活动内容等与其他艺术形式进行合理的整合，无论是从教育的内容还是教育的构思上，都对幼儿艺术教育的具体实施十分有效。

三、木偶戏融入幼儿园教育的方法

1. 合理选择木偶戏剧目，调动幼儿的学习兴趣

合理的木偶剧目需要符合幼儿的认知与兴趣，比如神话传说剧目《哪吒闹

海》《嫦娥奔月》《沉香救母》……还有绘本《月亮的味道》，化州当地的故事《拖罗饼的故事》《橘红传奇》等。可以请木偶戏老艺人进园演木偶戏，或者老师带幼儿通过视频欣赏木偶戏片段、表演木偶戏给幼儿看，或者家长带幼儿去看木偶戏、去木偶展览馆参观等，通过这些直接感知的方式让幼儿对木偶感兴趣。

此外，引导幼儿在班里或者家里读绘本，可以亲子读或自读，以此制造阅读的氛围。幼儿在此过程中，既可以了解木偶戏的趣味，同时又能够为未来玩木偶游戏丰富认知与累积素材。

同时，还可以通过画画、制作与表演等方式，让幼儿对木偶游戏产生沉浸式体验。在画的方面，幼儿可以通过表征的形式表达自己的想法，可以画故事，画剧本，画故事里的人物，画兵器等。在木偶制作方面，幼儿要亲自动手制作，具体可以制作各种动物、植物、人物，可以有手偶、纸偶、信封偶、禾秆偶……这些偶要符合现代孩子的爱好，既有传统木偶的精髓，也有现代的特征。当然表演是最有趣味的活动，既可以是合作表演，也可以是自演，通过分角色方式，尽量让幼儿都参与进来，有的布置舞台，有的做观众，有的设计票、售票，形成一种热烈且参与度极高的幼儿木偶游戏文化氛围。

2. 鼓励幼儿参与木偶戏表演，丰富幼儿自我表现的形式和内容学习

组织木偶戏表演的目的并不仅仅是掌握它的表现形式和方法，更重要的是锻炼幼儿在公众面前的表现能力和自信心。

在幼儿园教育中融入木偶戏，并让幼儿亲自参与到表演中，可以使其锻炼自己的舞台表现力，也能够使其了解如何才能成为众多幼儿当中的闪光点。一些幼儿天生就具有很浓厚的表演兴趣，其在学习了木偶戏以后，能够主动完成木偶戏的表演活动。但一些幼儿由于自身性格以及家庭环境的影响，即使自己对木偶戏表演有兴趣，也无法说服自己完成木偶戏表演。其内心的怯懦可以在木偶戏表演的团队合作当中逐渐磨合，并在同伴的鼓励中逐渐走出自我。当幼儿在木偶戏表演当中锻炼了自我表现能力，其在未来的发展当中也能更好地表达自己。

木偶戏既是我国优秀的传统文化，同时也是丰富幼儿认知、开阔幼儿眼界的重要手段和方式。作为幼儿园，尤其是幼儿教师，要充分认识到木偶戏在幼儿教育中的地位和作用，灵活地将木偶戏融入日常教学中，促进幼儿的全面成长。

3. 创造木偶艺术氛围与文化传承环境

在幼儿园，教师可以安排多种形式的木偶文化艺术形式，如木偶文化的绘本，每一本木偶文化绘本都是一个精彩的故事，也有丰富的木偶角色，幼儿在阅读过程中，很容易与角色产生一种交流和互动，从而对木偶文化绘本感兴趣，并且思想畅游在木偶绘本文化中；还有木偶文化艺术游戏区，里面既有成熟的木偶故事表演，也有幼儿自主参与、自由发挥的木偶游戏区，幼儿在这个过程中，可以真正参与进去、融入进去，从而感受到木偶游戏的魅力与趣味性；园所还应组织一些木偶游戏活动，包括亲子类的，让家长也一起参与，并且准备一些可爱的木偶作为奖励，幼儿通过与家长一起表演木偶游戏，获得不同的木偶奖品。通过多种方式，为幼儿创造一种木偶文化艺术氛围，幼儿在其中感受木偶文化，从而很自然地生发出一种文化艺术传承的兴趣。

我们在一日活动中丰富幼儿的生活经验，帮助幼儿建构自己的戏剧游戏，关注幼儿生活，观察幼儿发展，并在活动中渗透戏剧游戏，让幼儿通过木偶游戏发展自身能力，培养幼儿的想象力、创造思维和合作学习能力，让木偶戏等戏剧游戏与幼儿一起生长。

第二节　木偶文化推动幼儿全面发展

在一个多元文化发展的时代里，特色传统文化更容易受到全世界民众认可与欢迎。中国拥有丰富的传统文化，这些传统文化本应在世界文化大碰撞中展示出独有的魅力与价值，然而近百年来，中国传统文化的传承与发展却遭遇困境，部分小众传统文化甚至面临消亡危机。传统文化的传承与发展应从幼儿教育做起，让幼儿了解与热爱传统文化。幼儿一旦接受传统文化教育，是有利于传统文化传承与发展的，同时传统文化中的某些教育因素也能够促进幼儿成长与发展，形成一种双赢的局面。

有一个让人颇感欣慰的现象是，在幼儿教育中，越来越多的园所开始重视发掘传统文化的教育价值，将其融入幼儿游戏教育中，真正有利于传统文化传承，也有利于幼儿发展。下面就以木偶游戏为例，分析传统文化传承对幼儿成长与发展的积极作用。

一、传统文化改编木偶游戏促进幼儿语言能力发展

语言能力是幼儿教育五大发展领域之一，语言表达能力对幼儿学习、成长与生活有着极大的影响。木偶戏作为传统文化，要求幼儿亲自参与表演，幼儿需要用语言来推动一个个木偶戏故事的发展，不管是按照约定游戏表演剧本进行训练、背诵与表达，还是在表演过程中自由发挥，都能够促进幼儿语言能力的发展与进步。

我国古代诗歌蕴含丰富的传统文化，有些诗歌本身具有一定的故事情节与含义，加上古诗词本身篇幅较短，故事情节不复杂，语言也比较简单，因此非常适合改编成木偶游戏，让幼儿在玩木偶游戏的过程中，既增强古典诗词文化的体验，又能够发展语言能力。如杜牧的《清明》一诗，里面就有"行人""作者（我）""牧童""黄牛""酒家"等人或物的具体形象，教师可以先放音频、动画，让幼儿具备初步印象，同时让幼儿跟着朗诵一下。当幼儿对这首诗歌稍稍熟悉之后，教师就可以将其改编成木偶戏，设计成一个有情节、有人物、有语言的木偶戏。让幼儿选择自己所要扮演的木偶角色，然后在故事情节中用语言表达推动故事发展。如选择"作者（我）"这个角色的木偶，木偶在出场之后就会感叹说："又是一个下雨天啊！我得找个地方先避避雨！"然后在遇到"牧童"木偶时，就会问："牧童小朋友，请问哪里有酒家能够喝酒躲雨？"这时候，负责"牧童"木偶形象的幼儿，就会用手一指："有！就在那边，你快点走过去吧！"幼儿通过肢体动作与语言推动故事情节发展，尤其是语言表达。在这个过程中，幼儿既可以用教师帮忙设计的语言，也可以用自己的语言，只要能表达出合理的意思即可。通过木偶游戏改编方式，将古代诗词文化融入幼儿日常游戏活动中，幼儿在游戏过程中既能够了解和传承古代诗词文化，又能够发展语言能力，一举两得。

二、传统文化融入木偶游戏促进幼儿艺术素养发展

艺术是传统文化的重要类别，艺术领域也是幼儿成长的五大领域之一。尤其是随着社会的发展与进步，艺术素养培养显得尤为重要。木偶戏本身就是中华民族传统文化艺术的具体类型。在幼儿教育中，为了增强传统文化教育与传承的趣味性，可以将传统文化融入木偶游戏中，通过木偶游戏来促进幼儿艺术素养发展。

以中国传统戏曲文化为例，中国作为一个戏曲文化特别发达的国度，既有国粹京剧，还有各种地方戏，部分戏曲已经列入国际国内非物质文化遗产保护名录。然而在现实中，很多年轻人对戏曲不了解、不喜欢，这对戏曲文化传承是不利的。若想推动戏曲文化传承与发展，还需要从幼儿教育中渗透。让幼儿接触和了解戏曲文化的同时，也培养幼儿的艺术素养。具体可以采用木偶游戏方式，让幼儿用木偶表演方式玩一些简单的戏曲游戏。例如，为了让幼儿了解京剧，可以以京剧脸谱为木偶游戏背景，因为里面会涉及诸多京剧脸谱形象，非常有利于幼儿了解传统戏剧知识，并且节奏也比较轻快。教师提前带着幼儿学习和了解不同的京剧脸谱所代表的人物的特点，然后制作对应的脸谱木偶。选择一些有趣味性，适合幼儿的京剧曲目，节奏响起来之后，幼儿就根据音乐节奏，选择合适的木偶脸谱自由进行木偶戏表演。通过京剧脸谱形式的木偶戏表演，幼儿就会对戏曲脸谱知识以及部分戏曲角色的特点有一定认知与了解，从而在幼小的心灵中播下戏曲传统文化种子，在以后的成长之路上，能够认可与热爱戏曲传统文化。由此可见，通过木偶游戏方式学习传统戏曲文化，不仅有利于戏曲文化传承，而且有利于幼儿艺术素养培养。

三、传统文化结合木偶游戏促进幼儿社会认知发展

在当前幼儿教育中，传统文化传承是教育的一个重要使命。传统文化是中国人的文化基因，它无处不在，同时也是中华民族文化自信建立的根基。传统文化实际上无处不在，幼儿在日常生活中随时可以接触到传统文化，不过若想有意识地传承传统文化，可以结合木偶游戏方式。中国传统文化有许多社会认知方面的内容，因此木偶游戏与传统文化结合起来，有利于幼儿社会认知发展。

　　在中国传统社会文化中，懂得谦让与兄弟姐妹友爱是一种美德，实际上到了现代社会，谦让与友爱依旧是一种值得鼓励和肯定的社会美德。尤其是三胎背景下，独生子女家庭减少，大部分幼儿都可能会有兄弟姐妹，因此有必要加强他们这方面的认知。中国古代的《孔融让梨》故事，就是讲述这样一种美德。教师可以编制一个木偶剧，安排不同的幼儿分别负责孔融、孔融父母及兄弟姐妹的角色木偶的表演，然后一起用木偶把《孔融让梨》故事表演出来。在这个故事中，孩子们将会体验到"分享""谦让"和"爱"等优良社会品质。教师对《孔融让梨》故事的解读也需要趋于现实观念一些，不要强调自我牺牲，而是强调"爱"与"分享"等，更符合现代社会发展的文化理念，这样更有利于幼儿社会认知发展。通过木偶表演，孩子们会意识到孔融是因为"爱"，爱家人、爱兄弟姐妹，所以愿意以"谦让"方式与家人一起分享"美味的水果"。对幼儿来说，木偶游戏故事不宜复杂，简单直白，能够有代入感最好。当幼儿表演了"孔融让梨"木偶游戏之后，回到家中也会因为爱爸爸妈妈、爱弟弟妹妹或者哥哥姐姐，所以愿意把自己的玩具、零食拿出来跟家人一起分享，因为分享会更快乐。在基于中国传统社会文化理念故事改编成木偶游戏的过程中，教师需要有意识地剔除部分与现代社会文化理念有潜在冲突的内容，将其调整为更符合现代社会文化理念的观点，这样更有利于实现文化传承，达成发展幼儿社会认知的教育目标。

四、木偶文化融合现代科技理念促进幼儿科学领域发展

　　科学领域要求幼儿有好奇心，能发现周围环境中有趣的事情；喜欢观察，乐于动手动脑、发现和解决问题；愿意与同伴共同探究，能用适当的方式表达各自的发现并相互交流等，形成初步的科学素养与意识。

　　在木偶游戏中，可以融入当代科技题材进行教育。如结合中国当前比较火热的航天科技发展，让幼儿制作各类航天木偶，然后表演航天科技发展，并引导幼儿通过木偶创作的方式想象太空中都有什么事物，比如中国航天器登上了月球，月球上到底有什么呢？让幼儿用木偶表演出来；也可以融入一些常见的科学知识，比如设计一个拥有知识的木偶博士爷爷，他每周二都来幼儿园做客，给幼儿解答各类科学问题，如花儿为什么有很多色彩？小鸡有没有耳朵？

蚂蚁是不是大力士等诸多趣味性科学问题。通过木偶艺术，促进幼儿科学领域的发展，从而播撒下科学的种子。此外，在科学领域，家长还可以和孩子一起动手探索一些科学问题，如如何搭建木偶戏台，木偶为什么会动，通过具体的科学探索，幼儿的科学探索兴趣会被激活，并且科学探索能力也会得到发展。

五、木偶游戏结合健康教育提高幼儿健康水平

健康教育是维护和促进幼儿健康的重要途径与手段。必要的健康教育可以使幼儿获得基本的健康知识和技能，提高幼儿自我保健、自我保护的意识和能力，并促使幼儿逐步形成有益于健康的行为和习惯。这不仅对维护幼儿当前的健康具有重要的意义，还可以使幼儿逐步成为维护和促进自身健康的小主人，并为其一生的健康奠定良好的态度与行为基础。

对幼儿的健康教育，可以通过木偶游戏方式进行，具体有两种方式：第一种方式，木偶表演本身。木偶戏需要幼儿通过动作操控，在操控过程中，自然可以发展身体动作协调能力；第二种方式，通过木偶游戏展开健康教育，如教育小朋友讲卫生，就可以通过一些健康主题的木偶戏剧设计与表演，让幼儿意识到健康的价值与意义，如刷牙、洗手。通过木偶游戏方式，让幼儿在玩游戏的过程中愉快地接受健康理念，促进幼儿身心健康成长。

第三节　木偶教学适应儿童身心特性

儿童喜欢木偶戏是因为木偶戏符合儿童发展的身心特点。要想让木偶戏在儿童教育中发挥作用，则有必要了解木偶戏与儿童成长特性的关系。儿童喜欢自由创造，喜欢天马行空的想法，更喜欢各种表演，木偶戏都可以满足儿童此类的需求与想法。木偶戏的编导、舞美设计、造型设计、木偶制作乃至木偶表演的过程，都可以变成游戏方式，都可以成为儿童成长与发展的契机。

一、木偶戏的观众主体是儿童

木偶戏在世界艺术范畴中，它的观众群体是0～99岁，而当代中国木偶戏的主要服务对象是儿童观众。尤其是对幼儿来说，他们特别喜欢角色鲜明的木偶戏，故事情节简单有趣，他们可以很好地理解，并且能够感受到其中的乐趣。中国木偶艺术遵循着木偶戏中偶性与童性互为结合的方式，创演了上百部儿童观众喜爱的木偶戏，并在实践中寻求它的发展之道。而儿童观众远比一般成人观众挑剔，若是不好看的木偶戏，他们就在台下叽叽喳喳，跑来跑去。因此，要为儿童服务必须研究儿童心理需求。多年的艺术实践使木偶表演艺术达成了一个共识，木偶戏善于夸张、混搭、多变而创新，由此创造的吸引、惊奇、趣味等与儿童心理需求相吻合，只要坚持这些规律，木偶戏一定会被更多的儿童观众所喜闻乐见。中国木偶戏发展至今，不断地开拓创作题材，从神话题材到童话题材，从国内传统题材到世界范围新题材，持续开拓新颖的木偶样式、舞台样式，只要是广大儿童观众喜欢的艺术都兼收并蓄。

二、木偶戏剧本身富有儿童趣味

木偶剧与其他舞台剧有着共同的艺术规律，即在一定的时间、空间平台上进行表演。然而，在创作的题材上一定是考虑木偶"偶性"的发挥，因为当代木偶艺术中具有造型设计这个门类，木偶制作上可以根据造型师的设想随意塑造木偶的人物形象，所以在偶性的运用中可以把儿童观众喜欢的拟人化手段以及多变、夸张等元素放大到极致，去贴合儿童审美的心理需求，它的特殊性也决定了其较之一般儿童剧的优势。

偶性是吸引儿童观众的要点，"玩伴"是儿童观众喜爱的人物。寻找人物身边的动物是木偶戏必不可少的环节，动物与儿童有着天然的密切关系，在孩子们的童年时期大都会拥有一个动物玩偶做伴，同他们说说知心话、陪伴做游戏等，乃至这种宠物情结一直会伴随到青年期。

拟人化是儿童最乐于接受的方式，因此童话是改编木偶戏的最佳题材类型。安徒生的童话《卖火柴的小女孩》可以改编为儿童观众喜爱的木偶戏。剧中安排了大量拟人化的艺术手法，饥寒交迫的小姑娘划着第一根火柴来取暖时，一团气状物变成幸福树爷爷，爷爷挥手之中缀满金币的大树从天而降，令四周金碧辉煌，从而衬托出小女孩心中的美好愿望，她希望把沾满幸福的金币分给世界上最需要它的人。第二根火柴划着时，几朵白云载着幸福的小女孩飞了起来，遇到美丽的月亮姐姐，见到太阳公公，所有的鲜花为她绽放，那些星星、雪花、小鸟、圣诞树魔术般出现在舞台上，让她拥有了世界上最美妙的一切。点燃的第三根火柴是一条通往天堂的阶梯。其中的树爷爷、月亮姐姐、太阳公公都是剧作者想象中的拟人化形象，编导就是通过它们表达小女孩心中的愿望。现实生活中，每个孩子都有自己的愿望，心里的想象并非那么具象，而木偶戏把"愿望"通过木偶"偶性"的发挥具象化了，让孩子知道愿望是具体的，不是虚无的，编导也正是从这个点上去叩动儿童观众的心弦。此外，剧中对于火柴这个道具木偶也发挥得特别妥帖，把看似不起眼的小火柴串联成一出舞台画面色彩斑斓、引人入胜的戏剧。剧中还为儿童观众展示了有趣的火柴舞蹈。让火柴跳舞，这个艺术手法也是木偶戏独特的艺术处理方式。

善变是儿童观众的心理追求。正是木偶"偶性"中充满灵动的"变"，让儿童观众始终兴趣盎然，并时时刻刻期待这种出乎意料的变。兴趣也是儿童观众保持观摩的期待点所在。

三、木偶戏可以很好地满足儿童的好奇心

孩子是好奇的。当代木偶戏在木偶种类上的运用和舞台体现上都需要"规矩"，它是标新立异的、开放自由的舞台，每个编导都可以大胆地在此驰骋，发挥自己的艺术想象力，从想象力这点去寻求与孩子的契合。记得有位木偶导演说过："如果你给孩子讲故事，最好是藏在哪个桌子底下给他讲，然后还要变出花样来讲，这样远比让他坐在凳子上一本正经听故事要强得多。"所以，木偶戏表演故事的方式非同一般。可能木偶戏的每个编导、舞美设计、造型设计、木偶制作乃至木偶表演都会变着花样给孩子讲故事，他们很早就在这方面勇敢地实践着。

木偶戏在舞台上尝试多样化结合由来已久，变着花样来给儿童观众演绎故事，增加了儿童观众的欣赏兴趣。由于儿童年龄较低，注意力不够持久，舞台上演的故事绝不能枯燥乏味，最好是每10分钟就有舞台变化，给儿童观众营造

新鲜的戏剧气氛，在这方面，木偶戏可能更具备优势。

现代木偶戏中混搭艺术越来越趋向儿童观众求新、求知、求变的心理需求，假如儿童观众在一个戏里面就看到了木偶、歌舞、杂技、多媒体、光影等多种艺术，让他们的家长感到物超所值，他们就会喜爱这个剧种。同时我们坚信，只要木偶戏努力寻求自身发展的规律，并与当代儿童观众的审美取向相吻合，它就永远会被广大的儿童观众所热爱。

第 二 篇

小木偶　趣成长

　　小小的木偶，伴随着幼儿成长。幼儿教育与成长的五大领域，木偶游戏都有发挥价值的空间。在语言、健康、社会、艺术与科学领域，木偶游戏具有不同的教育价值与意义。利用木偶戏表演形式与内容，可以很好地推动幼儿关键能力的发展与进步。作为幼儿教育工作者，为了幼儿的成长，需要认真探索与发掘木偶游戏对幼儿全面成长的价值。

第四章

木偶戏推动幼儿语言能力发展

语言交流与表达能力是《3—6岁儿童学习与发展指南》中幼儿教育五大领域的关键能力与枢纽能力之一。在人的一生中，幼儿时期是学习掌握语言的基础时期，也是掌握学习语言的关键时刻，因此作为幼儿教师应当抓住这一关键基础时机，对幼儿进行语言交流能力的培养与提升。传统的木偶戏剧具有丰富生动且充满趣味的情境艺术，它以一种滑稽夸张的表演，创设出了富有感情、独特轻松的幻想世界，并且通过对话来推动剧情发展，对幼儿语言能力发展和培养颇有帮助。基于此，幼儿园教师在带领幼儿进行游戏活动的学习过程中，可借助木偶戏剧本身独有的艺术特性，结合丰富的木偶情境内容，为幼儿营造一个充满趣味的艺术世界，引导幼儿在木偶游戏与表演中通过合作、交流、互动等方式推动游戏进展，从而达到促进幼儿语言能力快速发展与顺利提升之目标。

第一节 木偶游戏促进幼儿语言能力发展的路径

整体而言，木偶形象夸张、造型多变且美观、富于艺术性，具有动态演示功能，表演起来生动灵活，此类特点符合幼儿游戏需求，将其融入游戏教学中，即成为幼儿喜爱的玩具和教具。在大多数幼儿园，木偶表演总是深受幼儿欢迎，若是采用合理的路径将各种类型的木偶活动融入幼儿园语言教育中，则可利用木偶活动丰富语言教学手段，引入木偶表演拓展语言区域活动，开展整合课程等，促进幼儿的语言能力发展。

一、选择不同方式培养幼儿语言能力

《3—6岁儿童学习与发展指南》中明确提出："幼儿的语言学习需要相应的社会经验支持，应通过多种活动扩展幼儿的生活经验，丰富语言的内容，增强理解和表达能力。"在幼儿园教学中，木偶游戏与表演活动作为一种传统文化形式，可以展示丰富的社会内容，并能够直接激发幼儿的游戏兴趣，深度扩展幼儿的生活经验，并生成语言表达、交往的话题，引导幼儿在木偶游戏中发展语言能力。

1. 组织观看木偶表演，引导自然谈话交流

木偶表演的类型多，内容丰富，化州地区是传统木偶文化资源丰富的地区。作为幼儿园，可以合理融入社会资源，引导和组织社会层面的木偶表演进入幼儿园，开展"木偶剧团进校园""我爱看木偶""木偶艺术节""我是小木偶"等诸多展示与表演活动，让幼儿通过现场观看木偶表演或木偶展览，加深对木偶的直观体验与认知，进而自然地引导幼儿产生各类谈话话题，如"我喜欢小木偶，原因是……""今天的木偶可好玩了，我以后……""要是让我来表演，我会……（怎么做）"等。对于部分幼儿园而言，可以将木偶游戏课程融入语言教学中，自己制作木偶和进行表演，然后引导幼儿表达，效果会更好。尚未开展木偶游戏课程的幼儿园，也可以自行购买一些木偶道具，然后播放木偶戏视频，教师带着幼儿模仿操作，制造交流谈话的话题。通过组织观看木偶表演，引导幼儿展开自然谈话，让幼儿对木偶这一传统文化形式的形成获得初步感知，并且语言能力也会得到发展。

2. 认真观看木偶表演，完整讲述各项内容

木偶剧拥有完整的故事情节，因此幼儿观看木偶剧之后，要引导他们尝试完整讲述木偶游戏中的故事内容或木偶活动。与自由谈话交流活动相比，完整讲述故事或活动对幼儿语言能力的要求更有帮助，它不仅要求幼儿会表达，而

且要求幼儿能够独立、清晰、有序地表达，需要幼儿具有一定逻辑性地描述一个物体、一件事情或一个情景。从某种意义上来讲，木偶活动可为幼儿提供有趣的讲述素材，从而激发幼儿的口语表达愿望。

在引导幼儿完整表述的过程中，教师可从三个角度让他们进行讲述。

角度一为实物观察讲述，不同类型的木偶，其具体形态表现以及操作原理都存在相对显著的差异，幼儿可从木偶的类型定位、面部特征、发型、服饰、材质、表演好坏、操作原理等方面进行有序讲述，主要在幼儿观察能力的基础上锻炼语言能力。

角度二为流程制作讲述，有条件的幼儿园可以邀请木偶制作艺人入园展示制作流程，幼儿园教师组织幼儿参与操作，让幼儿获得直观体验，从而为幼儿独立讲述制作流程提供充分的经验准备，并有助于萌生出传统文化自豪感，主要在幼儿实践与制作顺序基础上发展语言能力。

角度三为表演情景讲述，即观看木偶表演之后，围绕木偶表演的内容展开讲述，需说清故事的主要情节，也可以加入自己的评价与想法，主要考察幼儿的语言思考表达能力。

3. 结合传统文化背景，感受木偶艺术魅力

传统文化是木偶表演的重要文化背景与内容，在中国重视传统文化教育的背景下，传统文化是展示木偶艺术魅力的重要路径。对幼儿园木偶文化教学而言，木偶活动不仅是幼儿眼前所见的场景，其演变和发展历程也应成为传统文化教育的内容。幼儿园语言教育可以尝试结合历史，为幼儿感受传统文化魅力创造条件。[①]作为幼儿教师可以围绕"木偶表演与各地乡风"讲述有趣的民俗故事。将木偶表演与传统文化融合，让幼儿接触传统文化故事，然后学着了解和讲述传统文化故事。古代还有一些描述木偶的诗词，也有一定的文化内涵。诗词文化本来就是幼儿园传统文化教学的内容，了解传统诗歌的语言之美，也是幼儿语言教学的重要内容。基于此，木偶题材的诗词也可以成为幼儿园语言

---

① 黄阿香，杨东红.利用木偶开展幼儿园教育活动，促进幼儿发展的实践探索［J］.基础教育参考，2015（5）：23-28.

教学活动内容，通过吟诵学习，幼儿可感受诗词这一传统文学形式的韵律美、节奏美和语言美。

二、木偶游戏融入语言教学的路径探索

通过合理的木偶文化组织，幼儿不同角度的语言表现力都能得到全面发展。木偶活动融入幼儿园语言教育能达到发展幼儿语言能力和传承传统文化的双重功效，因此可以将木偶活动作为丰富幼儿语言教学的手段之一，以促进幼儿语言能力的发展。

1. 运用木偶活动，丰富幼儿语言教学手段

游戏符合幼儿身心特点与学习特点，游戏教学是幼儿学习语言和了解世界的主要方式之一，运用游戏方法教学的目的在于提高幼儿的学习兴趣，让幼儿在游戏中成长。木偶游戏本质上是一种游戏活动，在幼儿园语言教学活动中，教师运用木偶表演游戏形式进行学习导入，则能够充分调动幼儿的学习兴趣，让他们集中注意力，从而达到较好的学习效果。幼儿园用游戏的方式表演故事，可以训练幼儿的表达能力，因为在表演过程中，幼儿可以学会用不同的语调对话，有表情地朗读和连贯地叙述木偶游戏中的故事。教师在日常活动教学过程中使用木偶游戏表演的形式，可以使幼儿将日常生活内容和想象内容以喜闻乐见的形式呈现出来，在加深内容理解的基础上，促进幼儿语言表达能力的发展。

2. 引入木偶表演，拓展幼儿语言区域活动

传统木偶游戏道具主要以木、铁、布等为主，而幼儿园的木偶表演道具不限于传统的木偶形式，它需要更加符合幼儿的年龄特点和操作特点，尤其是幼儿参与表演的木偶游戏，更需要丰富的、贴合幼儿生理和心理特点的道具模式，部分幼儿园开发了各种简易木偶，如手指偶、手掌偶、手套偶、棒偶、袜子偶、纸杯偶、纸盒偶、信封偶等，材料也突破了以木料为主的形式，采用了纸、布或生活中的实物。

对幼儿而言，木偶游戏属于一种综合性的游戏，具体内容包括木偶制作、剧本创作、动作操作、音乐配合、艺术语言等多方面内容。在木偶游戏组织与表演中，应通过合理路径使美工区、语言区、表演区之间形成良性互动。

在幼儿语言区域活动中引入木偶表演形式的可行路径如下。

第一，幼儿根据平时的语言教学活动中所接触的文学作品，在教师的引导下进行木偶表演，如将一些幼儿图书绘本中的故事通过木偶游戏方式表达出来。

第二，幼儿根据自己的表演需求改编或创作木偶剧本，如幼儿喜欢动物，就可以以森林动物或者动物园动物的特点来改编木偶故事，为动物设计不同的语言。

第三，幼儿根据自编或自创剧本按不同角色的语言特点进行木偶戏表演，在表演过程中形成对语言能力的培养与发展。木偶表演作为语言活动的延伸，可以帮助幼儿用生动的语言进行故事叙述。

3. 开发木偶课程，促进幼儿语言能力发展

木偶游戏既是传统文化，也符合幼儿教育教学的特点，因此部分幼儿园结合本地区的特色木偶文化，开发了专门的木偶课程，并且制定课程总目标、各年龄段目标和具体木偶游戏活动目标。

在木偶课程体系的幼儿培养与发展目标中，语言能力是重要内容。如要求2～4岁幼儿木偶活动的语言目标为"能够安静地观看，能听懂剧中的对白；自由地摆弄木偶时，能自言自语，并体验木偶所带来的乐趣"。4～5岁幼儿木偶活动的语言目标为"能看懂木偶戏的内容，理解故事的情节；学习听准字音，练习剧中对话，声音响亮，语言准确；能够进行适当创编，例如角色对话、续编故事等"。5～6岁幼儿木偶活动的语言目标为"理解木偶活动的内容及所蕴含的教育意义，理解人物对话的内容及含义；理解人物的动作与人物的性格、情绪之间的联系，能用口头语言和身体语言等表现各种情感；能够合作创编木偶戏，有丰富、流畅的情节和精彩的对白"。在不同年龄阶段、不同学习背景下，语言发展目标呈现出层次化的要求。

在幼儿木偶游戏中，具体语言发展的目标还可以进一步细化，如语音语调、词汇、句型、语气、故事表述等方面，这需要幼儿园在木偶课程中继续探索与思考。木偶课程的开发形式也有多种，可以有木偶表演游戏、领域木偶活动、主题木偶活动、幼儿木偶剧、木偶制作活动、木偶化的区域活动、亲子木偶活动和社区木偶活动等。在木偶课程体系下，幼儿的语言能力能够与动作表演、艺术感悟融合起来，并得到深度发展。

第二节　木偶游戏促进幼儿语言能力发展的教学

在幼儿教育五大领域中，语言领域是贯穿五大领域的枢纽所在，语言能力是关键能力，是其余能力发展的基础。在幼儿园学习阶段，幼儿语言能力的发展，需要通过语言活动的练习来实现。随着国家对幼儿教育与传统文化的日益重视，更多幼儿园与幼儿教师关注并重视木偶戏剧课程对发展幼儿语言能力的优势，且尝试以木偶戏剧作为开展语言教学活动的媒介，把形象思维运用于语言能力的培养上，引导幼儿模仿木偶戏剧中的角色，理解戏剧内容，进而唤醒幼儿的语言思维，训练幼儿的语言能力，最终逐步实现幼儿语言能力的发展。木偶游戏中，其语言教学活动是借助木偶这一生动有趣的卡通形象而展开的，由于有丰富的故事情节与语言表达场景，因此对于幼儿的语言能力发展和交往能力发展的作用非常明显。

一、基于木偶游戏，促进幼儿语言互动

幼儿年龄较小，主要是以接触性质的感悟体验模仿学习为主，在提升个体技能和掌握基础知识上很大程度依靠情感与兴趣的支配。基于木偶游戏方式，采用边控制木偶边配备语言和音乐的形式，将语言教学内容展示给幼儿，使得原本抽象的语言教学活动内容变得更加趣味化，更具形象化，是有利于促进幼儿语言互动能力的发展。当幼儿对语言教学中的事物产生一定兴趣后，才会主动与其他小伙伴进行言语互动，幼儿的语言能力就会在互动过程中得到发展与完善。基于此，幼儿教师在实际开展语言教学活动的过程中，要充分发挥木偶游戏的优势，调动幼儿的参与兴趣，促进其语言互动能力的发展。

例如，在"大灰狼和小红帽"木偶游戏活动中，为了能够促进幼儿语言互动能力的发展，在活动开始时，教师可以先为幼儿准备好一套木偶道具，然后利用多媒体软件为幼儿播放"大灰狼与小红帽"的故事，让幼儿对整体故事内

容有所了解。接下来，教师将木偶的使用和表演方法展示给幼儿观看，主要采用示范方式让幼儿学会使用木偶，为接下来幼儿用木偶进行游戏表演做准备。一切准备就绪后，教师依次邀请各小组成员上台演绎"大灰狼与小红帽"的故事。引导小朋友在模仿大灰狼和小红帽的对话中逐渐强化小朋友之间的交流互动，提升语言能力。表演完毕之后，对各小组幼儿的语言互动表现进行评价，看看哪个小组表演得最好，语言表达最流畅、语言表情更丰富、语言内容更精准等，表现更好的小朋友将会获得肯定，并在教师的指导下进一步提升语言能力。

由上可见，幼儿园教师在带领幼儿进行语言教学活动的过程中，可以通过借助木偶游戏方式来促进幼儿语言能力的发展，使幼儿在自己操作表演和模仿人物的过程中提高语言互动与交流能力。

二、基于木偶游戏，发展幼儿语言想象能力

语言是需要想象的，尤其是语言思维的形成，与语言想象力发展有着密切关系。在幼儿最初语言发展阶段，可借助具有动感形象的游戏活动方式，来有效提升幼儿理解事物、感悟事物、体验事物以及认知事物的能力，从而更好地接收语言信息并激发幼儿对语言的想象，促进语言思维能力的形成。木偶游戏动感十足，融合生活人物的情境化表演方式对小朋友来说，能够激活幼儿生活体验，唤醒幼儿心中对生活的感悟，帮助幼儿有效理解语言信息，构建语言应用场景。同时可以让幼儿在声情并茂中提高语言想象能力，从而使幼儿的语言思维能力得以深化。

比如，在"白雪公主和七个小矮人"木偶游戏中，教师可以利用故事情节表演来培养幼儿的语言想象力。活动开始之前，幼儿教师可以通过自己讲故事或者请家长讲睡前故事等方式，让小朋友事先对故事内容有一定了解，初步构建起与故事相关的认知体系。然而语言构建起的故事情节相对是单薄的，内容不够形象具体，感悟体验也不够细致。在班级活动中，教师请几位小朋友根据自己听到的故事或自己记忆的故事内容，对故事内容进行讲述，进一步通过语言表达深化故事认知，同时促使幼儿的语言表述能力得到提升。在听故事和讲故事的基础上，用木偶游戏表演的方式将"白雪公主和七个小矮人"的故事

用动态的、艺术的、具体的表演方式展示出来，丰富幼儿体验，让幼儿通过听故事和讲故事所获得的体验与直接的表演观察体验相重合，从而促进其语言领悟与思维能力的发展。在条件具备的情况下，幼儿可以在教师或者家长的帮助下，发挥想象力，对故事内容以及人物对话进行自主改编，并利用木偶将对话表演出来，并录制成视频进行竞赛对比。

由上可见，幼儿园教师在对幼儿的语言能力进行培养的过程中，直接的语言培养固然重要，但是也存在体验不够具体等不足之处，面对这种情况，可借助木偶游戏表演过程中的丰富性语言，尤其是交流性语言推动游戏进展，进一步发展幼儿的语言想象能力，促进幼儿语言思维能力的发展。

三、基于木偶游戏，提升幼儿语言表达能力

在幼儿日常教育教学中，当教师提出问题时，部分幼儿不能及时针对教师提出的问题做出自己的回答，或者在回答过程中，语言表述不够通顺，词不达意等现象也比较常见。之所以出现类似现象，主要是因为部分幼儿的倾听能力以及倾听的习惯较差，当他听不清、听不懂时，自然也就无法理解语言中所蕴含的表达信息，从而导致语言表述能力发展水平不高。

为了提高幼儿的语言表达能力，要注重幼儿听说能力的培养，借助富有艺术特色的木偶游戏，让幼儿听游戏人物的语言，然后学着说游戏人物的语言，让幼儿在木偶游戏夸张有趣的艺术表演过程中，刺激感官，促进语言表达能力发展。教师可以针对幼儿对木偶故事的理解，组织幼儿进行交流讨论，每个幼儿都可以自由发言，甚至可以展开小小的辩论。若幼儿自身无法启动交流讨论，教师可以提出一些问题作为引导，通过师幼互动的思维碰撞，为幼儿提供宽松的语言环境，让幼儿想说、愿说、敢说、爱说，不仅说得多，而且说得好。语言能力属于一种实践应用性质的能力，用得越多，语言表达能力也就越高。在木偶游戏过程中，幼儿的语言表达能力得到发展，同时人际交往能力及思维组织能力也会进步。通过幼儿自己出演木偶角色的方式与木偶游戏的亲自接触，通过幼儿对教师操作木偶游戏的观察到自身上演，在体验角色游戏与表演游戏乐趣的同时，幼儿的探索能力、表现力及创造力也会随之提升。

比如，在"三打白骨精"木偶游戏中，为了能够有效提升幼儿的听说能

力，教师可以在游戏中融入各种语言互动与交流内容。在木偶游戏活动开始时，教师可以先组织幼儿开展一个游戏活动，让部分幼儿蒙着眼睛，以听声音的方式去找到自己的同伴，可以有意识地提升幼儿"听"的能力。为了确认自己找到正确的合作伙伴，还可以用语言交流方式进一步确认。找到伙伴之后，教师安排不同角色的小朋友在木偶游戏中，将孙悟空、白骨精和唐僧之间的对话进行细致表演。教师鼓励幼儿在表演中自由发挥，既可以按照既定的台词表演，也可以根据自己的理解进行对话，让幼儿在观看、倾听和模仿中掌握故事内涵，感受学习语言的乐趣，提升听说能力。

综上可见，教师通过借助木偶游戏展开语言表达能力教学活动，不仅能够充分调动幼儿参与活动的热情，让幼儿在游戏表演对话过程中深刻感知学习语言的乐趣，还能够让幼儿在现实的、具体的和充满艺术魅力的表演场景与演绎动作中，强化语言的记忆力，从而可以更好地促进其语言表达能力的发展。

在幼儿语言教学活动中，教师必须意识到幼儿语言能力的发展是一个漫长的过程，并且需要反复的训练与应用，才会提升更快，因此教师可根据幼儿的身心发展特点，为幼儿创建适合其语言能力发展的各类游戏活动，为其营造丰富的语言环境，最终促进幼儿语言综合能力的发展。木偶游戏的趣味化恰好与幼儿的认知特点和语言发展趋势相契合，借助木偶游戏开展语言教学活动，让幼儿在互动、交流、体验、表演中充分调动各项感官，为幼儿语言能力发展和提升创造良好的学习应用场景。

第三节　木偶游戏教学中语言教学融合问题探究

在幼儿语言能力培养与发展中，让幼儿真正体验感受到语言教学活动之魅力，促进语言能力全方位发展，是幼儿语言教学的重要课题。在幼儿园语言教学活动中，故事教学方式是最常用也最受幼儿喜爱的类型之一，木偶游戏和语言教学可以融合开展。木偶游戏本身可以视为一种表演形式的故事教学方式，幼儿园木偶游戏教学中，语言教学活动中存在形象选择、演绎形式、语言理解与表现、练习策略等现实问题。针对此类问题，幼儿园教师可借助多变的木偶形象、不同的演绎形式、增强语言理解和表现力以及多种练习策略，以保证木偶游戏语言教学活动的有效性。

一、木偶游戏与语言教学融合发展过程中存在的现实问题

虽然很多幼儿园采用木偶游戏推动语言教学，两者在融合过程中，实际上还是有一些不足之处与现实问题，了解此类问题，有助于更好地推动两者融合，达到更好的语言教学效果。

（一）游戏形象选择单一、混乱

幼儿是好奇的，他们更喜欢接触新的事物，对于已有的游戏内容与模式可能会因为太过于熟练而失去好奇心和兴趣。在部分幼儿园以语言能力培养为目标的木偶游戏教学活动中，一些教师常常为了节省实践，少耗费精力，可能会出现采取一种木偶游戏角色多次单调重复使用的现象。缺乏新意，很容易导致幼儿对于木偶游戏教学兴趣逐渐减弱。甚至部分教师直接采取借用、盗用等形式进行游戏活动开展，完全忽略故事中的原本形象角色特点，这对幼儿来说，很容易造成认知混乱，从而造成幼儿的表达和判断能力受阻，间接影响了幼儿语言和思维能力的发展。

（二）游戏演绎形式僵化、不生动

在木偶游戏教学活动中，培养幼儿的语言能力之关键在于进行有效的游戏演绎，游戏角色必须说出符合幼儿心理特点的语言，才能让幼儿理解并模仿。在现实的木偶游戏教学中，部分教师因为没有接受过相关的木偶游戏培训与教育，因此对于木偶游戏的教学演绎缺乏了解和针对性。教师只关注故事内容的讲述，木偶在教师手上更多的是当作"花瓶"摆设，没有生动有趣的演绎，也没有生动有趣的讲述与对话，幼儿虽然在看木偶游戏，但是它没有对幼儿产生吸引力，从而难以激发幼儿的语言互动交流欲望。在僵化的演绎中，幼儿只是眼睁睁地看着教师手上的木偶，并没有实现真正的语言形式的表达与交流，自然也就无法促进语言能力的发展与进步。

（三）表演语言表现呆板、无趣

故事教学方式对于教师的语言表现能力要求非常高，只有教师拥有较高的语言表达能力，才能更好地表现出故事内容，并且吸引幼儿融入故事情节中。木偶游戏除了木偶表演之外，其表演过程中的语言表达也非常重要。部分教师在进行木偶游戏教学中，缺乏对角色富有感染力的演绎，大部分时候都是平铺直叙，缺乏艺术腔调，无法通过语言将木偶游戏表演推进，且让幼儿将木偶表演与语言感悟有效融合起来。在木偶游戏教学活动开展过程中，教师的音调、音色以及对角色的模仿都呈现出较为呆板的现象，无法刺激幼儿产生语言方面的感悟与欲望，从而导致幼儿语言理解能力与表达能力未能得到真正的提升。

（四）语言学习策略固定、不自由

对幼儿而言，语言能力的习得是通过日常语言教学活动和活动外的延伸共同发展而来的。在现有的幼儿园木偶游戏教学中，许多教师缺乏针对性的语言教学学习策略。教师在木偶游戏形式的语言教学活动中，过多集中于"讲述故事，探讨问题"，缺乏对于故事经验的再还原和对故事情境的再创造，让幼儿的语言创造力发挥受到了约束，导致幼儿不能很有效地吸收和理解故事内容，无法在心中形成自己的言语。教师应该让幼儿有更多自由的语言学习与表达机会，教师只需要负责创造语言表达场景，然后引导幼儿自由发挥。对教师而言，策略是灵活的，也是自由的，而不是局限于目标的影响。

二、木偶游戏与语言教学融合发展之应对之策

基于前文对木偶游戏与语言教学融合发展过程中存在的现实问题与不足，需要探索出合理的应对之策，方能让幼儿的语言能力在木偶游戏教学过程中得到发展与进步。

（一）通过灵活多变、造型丰富的艺术形象保持学习新鲜感

幼儿身心发展尚不成熟，在学习过程中表现出活泼好动、爱模仿、想象力丰富等特点，并且在个体思维中以具体形象思维为主，因此他们对于不同木偶不同类型的独特的造型艺术与具体形象是非常感兴趣的。如幼儿普遍喜欢游戏区域娃娃家，喜欢一对一或者多对一与游戏区里的毛绒娃娃进行对话交流，

表达自己的想法，甚至会编造一些小故事来让不同娃娃展示不同的语言表达风格。木偶作为一种新奇的"形象"角色，造型夸张且独特，对于幼儿的吸引力很强。

在不同类型和内容的木偶游戏故事教学中，往往会重复出现某些相同的木偶游戏角色人物。例如，常见的动物形象小羊、小兔子、大灰狼、小猫、小狗；常见的人物形象警察叔叔、科学家、坏人、小偷等。常见类型的故事角色会在不同场合以不同形象出现在幼儿面前，若都是一个模样，幼儿很容易失去兴趣，并且对于幼儿的认知也容易产生混乱。为了保持幼儿对木偶游戏角色的新鲜感，多变的服装道具是保持幼儿兴趣的重要手段。如"狐狸"这一坏蛋形象，在木偶游戏"会滚的汽车"里，可以为其穿上小马甲，在吃完木桶里的小动物后，其短小的马甲越发凸显出狐狸的圆肚皮，展示了其贪吃凶恶的形象；而在木偶游戏"会爆炸的葡萄"中，可为这只狡猾的狐狸戴上瓜皮帽，让其更符合狡猾奸诈之形象。通过不同的服装道具，孩子们不但在狐狸着装变化过程中感受理解不同的故事情节，更在服装的隐性差异性细节提示下了解其在故事中的角色形象——凶恶的或是狡猾的。在木偶游戏中，服装道具的每一次细微变化总能带给孩子全新的体验，让幼儿在充满期待中学习故事。多变的形象角色可以从同个形象多种特点、同个特点多种形象等方面体现。尤其是同类型的形象，在不同的故事场景中，可以通过不同的服装道具展示不同的形象细节，让幼儿产生不同的游戏体验感悟，从而语言特色也随之产生变化。

1. 同一木偶艺术形象具备多种特点

在木偶游戏活动教学中，运用同个形象多种特点的方式不仅有利于教师节省大量的制作教具的时间，同时更是一位智慧型教师所应该具备的能力特点。通过同个形象多种特点的展示，幼儿能更好地理解故事中的形象，更容易地与故事情节产生互动。如简单的同一只小狐狸这一形象，通过增添绿帽子、红色夹克等形式就能展现出狐狸不同的个性特点，通过细微的变化，便能极大地激发幼儿探讨的兴趣和想象的热情。同个形象多种特点重点在于让幼儿通过观察细微的变化产生了解的欲望，从而教师可以通过观察幼儿的情绪创造良好的交流探讨氛围，激发幼儿的语言表达能力。

2. 同一特点多种差异性艺术形象

木偶游戏教学目标之一就是让幼儿通过理解游戏情节与故事，了解各种鲜明的形象，从而能区分好坏、善恶、狡猾与机智等基本概念。幼儿虽然年龄小，但是已经具有了解和区分好坏、善恶等行为的能力。通过同个特点多种形象的木偶游戏故事教学演绎，让幼儿更深层次地了解某一相同角色所展现的与众不同的形象特点。生活学习中，教师会经常无意间运用到这一方式。如在评价某一位幼儿的特长时，教师会经常列举与之有相同特长的幼儿进行肯定和称赞，这种方式真正体现了"兼顾全体幼儿"的教育理念。教师在木偶游戏语言教学中，也应该尝试通过这种方式来进行教学。如"淘气的猴子"这一木偶游戏教学中，教师可以在抓住猴子淘气这一个性特点的同时，充分发挥幼儿的能动性，激发幼儿思考其他与之相似的形象角色，激发每位幼儿的语言想象力。一个故事演变成的可以是多个故事，如"淘气的山羊""淘气的兔子"等，每个故事的形象既有差异，也有相似之处，从而充分调动幼儿对于木偶游戏故事教学的兴趣。

（二）通过不同的演绎形式，丰富表演内容且提高学习效率

不同的故事题材需要针对性的演绎形式去诠释故事内容，才能达到较好的教学效果。在木偶游戏中，具体演绎形式可根据实际情况选择进行。例如，某大班幼儿经常开展的指偶、手偶及插片式玩偶活动，教师要学会根据故事内容，选择相应的木偶演绎形式，帮助幼儿学习故事，丰富表演内容且有效提高其学习效率。例如，小班木偶游戏"鸡的一家"，教师为每位幼儿准备一套"鸡的一家"指偶，在幼儿学习过程中，边操作边学说话，不同角色的小鸡说话特点是不一样的，具体如喔喔喔（公鸡说话）、咯咯咯（母鸡说话）、叽叽叽（小鸡说话）等。幼儿基于自身经验理解演绎方式，不但能很快掌握不同象声词的模仿学说，还在表演操作过程中体验自主操作的乐趣。对教师来说，木偶游戏教学的演绎形式可以从动作形态、情趣领悟、情感体验、自由想象等方面具体展开。

1. 动作形态

幼儿天生活泼好动，思维活跃，相对于"静止不动"的毛绒娃娃，他们更喜欢生动灵巧、会表演、有趣味，并且会和他们"打招呼交流"的木偶形象。

幼儿通过对于木偶这一角色动作的模仿、语言的模仿以及神态的模仿，逐渐激发了模仿兴趣，并且用语言方式将模仿展示出来。因此，教师在演绎对于幼儿极具吸引力的木偶这一角色形象时，要充分发挥"木偶"的"能动性"，运用生动有趣的肢体动作和语言以及富有感染力的神态，让幼儿在学习和模仿中提升自己的语言交流能力。

2. 情趣领悟

幼儿的生活和想象是非常具有情趣的，他们喜欢想象。富有"浪漫式"或"情境式"的想象，能够让他们产生表达的愿望，并且感到很舒服。幼儿渴望通过一个温馨的情境来抒发自己的想法，来进行自己内心言语的阐述。许多孩子不善于交流和表达是因为缺乏一个温馨和谐的交流氛围。生活中，经常可以看到幼儿以"自娱自乐"的方式进行简单的交流。如"下雪天，用双手去接住雪花，并在那里欢呼雀跃地叫嚷；下雨天，会用双脚用力地踩击地面的雨点，开心地自言自语"。可见，一个独特的情境对于幼儿的口语表达能力的习得是非常有帮助的。木偶游戏教学作为一种充满情趣的教学方式，教师应该在演绎中营造温馨和谐的语言环境氛围和生动有趣的情境，让幼儿通过和环境的互动，从而激发幼儿想表达、敢于表达的愿望，教师也可以通过情境的营造引导幼儿进行言语的表达和交流。

3. 情感体验

幼儿的情感是最纯真的，同时幼儿的情感世界也是丰富多彩的，他们的喜、怒、哀、乐都会展现在脸上。幼儿天性纯真可爱、善良朴实，他们的情感体验具体且真实，他们渴望自己的情感得到抒发和被理解认可。有时候，幼儿因为某些因素，会刻意隐藏自己的情感，这就需要教师多一份关注和深入。比如，教师在木偶游戏故事教学过程中，幼儿对于故事的理解和感受都是有所不同的，但未必每个幼儿都愿意分享自己的情感体验，因为有些幼儿的情感体验是趋于内向甚至独特的。此时，教师应该在让幼儿了解故事背景后，深刻发掘幼儿内心的想法及情感体验，引导幼儿和木偶这一形象角色产生很好的互动效果，通过情感的沟通交流，不仅提高了幼儿的语言表达能力，更有利于幼儿健康情感情绪的发展。

4. 自由想象

人类的想象力是宝贵的，而幼儿期的想象力是最自由的。在他们的想象中，风是有情绪的，窗户是怕冷的，世间万物都是有感觉甚至有想法的。幼儿时期的儿童想象力丰富，他们喜欢自由自在、不受约束的幻想。教师应该注重对于幼儿有意想象和创造力想象的培养，让他们的想象更具有科学性和切实可行性。发展幼儿的语言想象力有助于幼儿言语的积累。木偶游戏教学最主要的特点之一就是可以激发幼儿的想象。教师通过环境的营造和对于角色的生动的描述，从而引导幼儿展开全面的想象。不仅体现在对木偶这一角色形象的想象，也真正体现在语言的想象。教师通过鼓励幼儿进行不同方面、不同情境的想象，激发幼儿敢于创新、敢于抒发自己观点的信念，从而通过一段时间的练习，促进幼儿语言想象力的发展。当幼儿有了自由发挥的想象力之后，木偶的表演语言也会变得更加生动有趣。

（三）通过不同的教学引导，发展幼儿语言理解和表现能力

在木偶游戏教学中，往往有很多丰富有趣的角色对话。借助木偶游戏能很好地帮助幼儿理解感受故事语言的魅力。教师可以通过操作木偶，模仿变化语音语调，帮助幼儿感知理解故事语言。例如，在木偶游戏"小兔逃跑"的教学活动中，教师通过演绎兔妈妈与兔宝宝，运用对话表演的形式，将故事中的浓郁亲情诠释得淋漓尽致。孩子们可以在观看表演中感受小兔想要独立的愿望和妈妈无微不至的母爱，并且深切感受故事对话的自然、亲切与童趣盎然。

在幼儿学习语言的过程中，锻炼并发展其语言表现能力是语言学习的重要任务之一。幼儿的语言表现能力主要表现在其音调、音色的模仿与运用上。在不同的故事背景下，幼儿可以用不同的情绪去演绎故事内容，幼儿可以通过观察模仿，以角色配音的形式锻炼并发展语言的表现力。

1. 以幼儿为主，推动木偶游戏教学活动的开展

幼儿园教学活动应该以幼儿为主，充分发挥幼儿的主观能动性。在木偶游戏教学中，教师应该利用一切资源充分调动幼儿的积极性。体现在让幼儿主动和木偶形象产生交流愿望、让幼儿主动深入探索故事情节、让幼儿主动大胆猜想故事结局等。幼儿都是喜欢表现自己、展现自己的，因此只有真正让幼儿成为语言教学活动的主体，才能激发他们的语言表达能力和理解能力。幼儿才是

木偶游戏学习和演绎的主体，时刻都不能偏离这一主题，尤其是教师，不能越俎代庖，将幼儿自己变成木偶。

2. 以木偶形象为线索，推动木偶游戏教学活动

木偶游戏教学活动最新颖之处就在于生动有趣的木偶教具，每个木偶都有角色特点，都具备语言表演特色，教师应充分利用这一"发光点"进行教学活动。通过对于木偶形象生动的语言描述、有趣的肢体动作表现以及丰富多彩的神态模仿，让幼儿与之产生强烈的互动和交流的兴趣。通过木偶这一形象，和幼儿在一对一的交流以及一对多的交流中，教师可以观察和体验幼儿的情绪，引导幼儿积极主动地交流探讨。如观察到幼儿的互动性不高，教师可以尝试说："我们的好朋友小白兔（木偶形象）是一个喜欢交朋友但是内心比较羞涩腼腆的小女孩，你们愿意和它聊聊吗？它有好多有趣的故事要和小朋友们分享呢！"通过对于木偶形象动性的演绎，从而更好地创造了互动式语言交流的氛围。

（四）基于多种练习策略，为幼儿提供接触语言活动的契机与氛围

幼儿语言能力是通过不断练习得到提升的，教师要尽量为幼儿创造多元且丰富的语言活动，为其发展语言能力提供契机，构建良好的语言学习与应用氛围。木偶游戏教学本身具有很强的多元特点，因此特别适合作为幼儿语言联系与发展的契机。单一的语言练习形式会极大地阻碍幼儿对于语言教学的兴趣，甚至让幼儿产生学习倦怠情绪与厌恶感。教师在木偶游戏与语言教学融合过程中，应当运用多种练习方式促进幼儿语言能力的提升，如运用经验还原式练习和创造开放式练习等方式，有效促进幼儿语言能力的提升。

1. 经验还原式语言练习与掌握

经验还原式语言练习主要是基于经验的还原，反复进行训练，强调对已有经验的深化。经验还原式练习的主要对象是班级中语言能力较弱的幼儿，它强调的是语言的掌握。这部分幼儿的语言表达能力较弱，对于木偶游戏中出现的优美词句需要反复模仿练习才能有效掌握。针对这部分幼儿，教师在指导过程中要注意强调故事的还原性，鼓励幼儿按照原故事情节进行复述表演。通过经验还原式语言练习，可以帮助幼儿巩固已有经验，发展其语言表现力。如在某木偶游戏中，有几段很有趣的对话，就可以引导幼儿反复说，当成一种乐趣说，最终能够顺利说出来就是成功。

2. 创造开放式语言练习与拓展

创造开放式语言练习是指基于原有的场景，继续发挥、创造新的语言应用场景，对幼儿形成新的语言表达能力起到良好作用，其主要对象是班级中语言能力较强的幼儿。针对这部分幼儿，教师指导的侧重点应立足于幼儿的创造式表演，鼓励幼儿开放思维，尝试自己组织语言再现故事情节。幼儿在表演练习的过程中，不但语言能力得到很好的锻炼，其思维也在创造过程中得到很好的发展。如在某木偶游戏中，适当添加一个任务，让原有游戏对象与新对象之间进行对话交流，从而推动幼儿语言能力的发展。

第五章

木偶戏推动幼儿健康素质发展

　　健康是幼儿教育成长的五大领域之一，而游戏学习则是幼儿成长的重要路径。游戏是幼儿的天性，也是其学习成长的必然路径。在中国古代传统启蒙教育中，幼儿的游戏行为往往不被鼓励，爱玩常被看作淘气、调皮捣蛋、不用功，这对于幼儿天性是一种扼杀。喜欢不喜欢玩，会不会玩，对大人也许不那么重要，可对幼儿却是一件大事，它是衡量幼儿身心健康发展的最重要指标之一。幼儿的身体素质在游戏中得到提高，幼儿的心理素质在游戏中得到发展，因此，游戏是对幼儿身心健康有益的。木偶游戏作为一种幼儿兴趣较浓、参与度较高的游戏，是有利于幼儿身心健康发展的。近年来的幼教改革，促使了社会教育观、幼儿观的转变，并且更加重视发挥游戏在促进幼儿全面发展中的独特教育作用。游戏是幼儿自由意志的体现，这是游戏的本质特征，教师应确立幼儿在前、教师在后的意识，让幼儿真正成为游戏的主人，让幼儿在游戏中健康快乐地成长。

第一节　幼儿游戏与幼儿身心健康成长

　　在幼儿教育过程中，根据游戏活动的特点、幼儿身体发展的特点、游戏对幼儿体质发展的价值等各方面设计各种游戏，随着游戏活动内容时间的增加以及幼儿在游戏中学习动作操控，并且感悟各种生活理念，幼儿的体质水平必然会得到大幅提升。

一、游戏活动影响幼儿身体健康状况

当代幼儿教育高度重视幼儿的身体健康发展，尤其是体能、肢体动作协调性以及运动的兴趣等。在幼儿教育中，我们必须意识到：幼儿的肢体动作及体能的发展是其成长的基石。德国奥古斯堡大学一位教授认为：如果一个人在童年缺乏运动刺激，那么他将会对运动持消极态度，而且对运动既没有热情亦无技能。若是幼儿长时间地坐着，器官和肌肉长期得不到有效的锻炼，以致体形受损、运动能力低下，甚至使智力受损。无限制地沉溺于多媒体如电视、电脑和其他静态游戏之中，将减少幼儿游戏和运动的时间，同时还会引发社会问题。幼儿时期是人的生理和心理发展的关键时期。然而，在全民健身运动在全国如火如荼开展的今天，很少有研究来关注幼儿这一特殊群体，使得适合于他们的健身方法远远少于其他年龄段。对于幼儿，社会和家长一般比较关注他们的智力发展与物质供给，导致幼儿体能有所下降，身体素质不佳，肥胖问题比较严重。若是通过游戏方式促进幼儿运动，是有利于健康的。木偶游戏就是让幼儿运动，从而利于幼儿身心健康发展。木偶游戏本身带有一定的游戏运动性质，幼儿需要动手去操作，并且还需要花精力去参与表演，其动作协调性将会得到很好的发展。

二、通过游戏，锻炼培养幼儿健康的身体

游戏是幼儿主要的锻炼方式。增强全民素质，就要从幼儿抓起，坚持游戏运动训练，从每一天练起，让孩子从小就有一个健康强壮的身体。

多做游戏运动，可以使幼儿身体各个部位得到锻炼，提高全身机能的整体素质，木偶游戏就是一个很好的选择。在木偶游戏中，幼儿可以自由表演，也可以模仿表演，但不管是哪种方式，都需要他们自己动手，让他们在游戏中动起来，自然会提高运动机能。通过木偶表演衍生出一些运动游戏方式，比如，"三打白骨精"是幼儿比较喜欢的木偶游戏，可以在其中设置一个"穿越盘丝

洞"的游戏,幼儿通过跑、跳、爬、翻滚等方式来达到身体锻炼的目的。还有部分幼儿,也可以扮演"孙悟空"或者"白骨精",用虚拟的游戏动作进行对打表演,并且可以设置简单的追逐戏等,以锻炼他们的动作机能。

三、通过游戏,锻炼培养幼儿的耐心与恒心

坚持完成并且玩好一个游戏不仅能发展耐久力,培养顽强的意志品质,而且对改善人体内脏器官功能,促进身心健康有着积极的作用。从关心爱护幼儿的角度出发,进行说服教育,耐心指导他们锻炼,克服"三天打鱼,两天晒网"的毛病,并加强平时的自我督促和勤奋锻炼意识,从而培养幼儿自觉锻炼的良好习惯。

培养幼儿的自信心是他们将来迈向成功的第一步,只有有了自信心,幼儿将来才能有坚持不懈、克服困难的精神。培养幼儿良好的自信心、顽强的意志品质、活泼开朗的性格和积极进取、良好的人际交往能力,对幼儿成长十分有益。让我们关注幼儿的成长,走进幼儿的心灵深处,呵护和培养他们心灵深处最敏感的地方——自信心。

玩游戏能培养幼儿坚强自信的品质和耐心与恒心,并逐步培养幼儿形成良好的意志品质。在木偶游戏中,有的幼儿有足够的耐心去做完一个很长的表演,有的幼儿则未必有足够的耐心去做好游戏,对后者而言,他们需要在教师的引导下,在小伙伴的带动下,一起坚持做完游戏,从而实现耐心的培养。

四、利用民间民俗游戏,促进幼儿身心健康成长

在民间民俗游戏中,不仅是幼儿体能与智慧的比拼,也是幼儿之间心理较量的一个过程。从某种意义上来讲,木偶游戏就是一种民间民俗游戏。木偶游戏作为一种趣味性和操作性很强的游戏,幼儿在运动中可以有创意,更可以有自由发挥。作为教师,应该给予他们足够的自由发挥空间。若是幼儿兴起的时候,拿着木偶进行手舞足蹈的表演,教师也尽量给予他们鼓励的眼光,毕竟这是他们思维活跃的表现,甚至语言和动作能力也会得到发展。如取材自《西游记》中的"唐僧师徒取经"的民俗游戏,结合化州本地的相关民谣,就可以设置唐僧骑马、孙悟空蹦蹦跳跳、猪八戒摇摇晃晃背个大钉耙、老实的沙和尚挑

着担子的运动游戏，孩子们一边唱民谣，一边运用动作来进行表演，玩得开心的过程中，身体素质自然也得到了提升。

一方面，民间民俗游戏的趣味性和娱乐性符合幼儿好奇好动的特点，可以让幼儿在轻松愉快、无拘无束中体验成功和喜悦心情，获得运动的满足感。因此，通过体育游戏活动，不仅能使幼儿正确认识和对待失败与成功，培养胜不骄、败不馁的良好心理品质，而且锻炼了幼儿的心理承受能力和适应能力，提高幼儿吃苦耐劳、克服困难、不怕挫折、顽强拼搏的意志品质。

另一方面，民间民俗游戏不仅为幼儿提供了内容丰富、形式活泼的身体锻炼资源，也为幼儿搭建了彼此间相互交流和沟通的平台，为幼儿之间创造了增进友谊、愉悦心情、融洽关系、化解矛盾、消除隔阂的最佳环境和氛围，从而消除紧张、烦恼和抑郁等心理隐患，起到调节情绪、释放压力、改善心理状态、预防心理疾病的积极作用。在平等参与中，能以生动的素材和手段培养幼儿理解与尊重、谦让与包容等美德，使幼儿得到丰富的情感体验，在享受成功与成就的过程中，获得自豪感和满足感，从而培养幼儿正确认识自我、主动发现自我价值、挖掘自我潜能、展现自我才能的意识和能力，逐步形成热爱生活、乐观开朗、勇敢顽强、积极向上的健康人格。

五、正确认知游戏活动对幼儿健康的价值

由于幼儿身心的发育与发展不够完善，身心基础较薄弱，各种能力都很欠缺，对成人具有较强的依赖性，因此需要成人为幼儿提供良好的生活环境，全面地照顾和关爱幼儿，其主要目的是满足幼儿身体和心理发展的需要，尽量减少外界不良因素对他们的伤害，这是维护和增进幼儿身心健康的重要保证。

首先，为幼儿提供一个安全、卫生且有利于生长发育的物质环境，照顾好幼儿的日常生活，这直接关系到幼儿正常的生长发育与身体健康。

其次，为幼儿提供一个温暖、轻松、支持的心理社会环境，使幼儿感受到成人给予的尊重、理解、关爱和接纳，使幼儿愉快地生活和活动，并形成安全感和对成人的信赖，这有助于幼儿心理的健康发展。在幼儿木偶游戏中，幼儿可以和木偶做朋友，还可以安排自己的木偶和别人的木偶做朋友，利用木偶来表达心中的想法，展示自己的情绪，这是有利于其人格发展的。

最后，以某一健康主题开展幼儿健康教育活动，可以更具体、深入地对全体幼儿进行相关的健康指导，这是帮助所有幼儿形成健康意识、获得基本的健康知识以及培养健康行为与习惯的重要途径。因此，幼儿园有必要根据幼儿的年龄特点、生活实际与发展需要，有目的、有计划地开展幼儿健康教育活动，而木偶游戏就可以提供这样的活动。如在"爱护牙齿"这一健康教育主题中，教师可以通过木偶给幼儿讲故事，使幼儿知道为什么要爱护牙齿和刷牙的粗浅道理，并通过相互讨论与交流，分享爱护牙齿的经验；同时教师通过木偶表演正确示范刷牙动作，结合念儿歌、看图示，引导幼儿进行模拟练习，可以帮助幼儿学习和练习刷牙的正确方法。

第二节　趣味运动与幼儿身心健康成长

在木偶游戏的表演过程中需要两个或几个幼儿的创作与配合，在语言与人物对话的碰撞中相互学习，丰富群体活动经验，体验集体活动乐趣，通过手腕、手指与大臂的协作，锻炼了幼儿大小肌肉群的发展。木偶游戏符合《3—6岁儿童学习与发展指南》各个方面对幼儿发展的要求，也实现了幼儿在快乐中习得经验，并且身体素质和心理素质都会得到提升。在幼儿园木偶游戏中，要有意识地安排一些趣味性强、表演动作性较强的木偶游戏，并鼓励幼儿积极参与，从而推动幼儿身心健康发展。对幼儿来说，故事性较强的木偶戏，可以衍生出一些有趣味的运动游戏，是最好不过的运动锻炼，幼儿参与兴趣高，并且有利于身心健康发展。以下就选择《木偶奇遇记》这一童话故事为例，将其改编为木偶游戏，然后让学生在表演中实现身心的健康发展。

一、表演背景

《木偶奇遇记》是一部幼儿文学经典作品，孩子们非常喜欢听这个故事，他们被主人公匹诺曹及其曲折的故事情节所吸引。艺术是相通的，可尝试着把音乐与文学进行有机整合，然后用木偶游戏的方式表现出来，提升孩子关爱他人的积极情感，丰富他们的肢体表现经验，从而促进幼儿的生理健康发展。

活动选取了《七式进阶》《木偶兵》《杜鹃圆舞曲》三种不同风格的音乐素材，营造了浓郁的音乐氛围。其中，《木偶兵》是主题音乐，它所表现的音乐形象与小木偶较为吻合。

活动以情感为主线，传递正向的情感力量。借助故事情景"小木偶在小仙女的帮助下，通过自己的努力与爱心，最后变成了一个真正的孩子"，让幼儿体会小木偶变成真正孩子的喜悦，激发幼儿在日常生活中关心、帮助他人的意识，从而促进幼儿的心理健康发展。

二、健康价值

1. 表现方面的价值

注重幼儿自发的表达表现特点，在情境中感知小木偶的动作特征，并创造性地表现小木偶不同的动态，积累肢体表现经验，自主地表达对音乐环节设计的思考。

2. 凸显情境

活动以故事情境贯穿始终，通过特定的情境来引发孩子自主地进行表达表现。

3. 巧用媒体

活动中多次运用直观的媒体，有助于孩子的理解、表现以及情感的激发。

4. 关注能力

在整个活动中，教师的站位比较靠后，没有直接的动作示范与幼儿模仿，而是通过幼儿的亲身体验、游戏感知、合作表现来梳理提升动作经验。

（1）借助音乐与情境，大胆用肢体动作表现小木偶的不同动态，积累具有木偶特征的僵硬特点动作经验。

（2）结合情境体会小木偶变成真正孩子的喜悦，表达其愿意在日常生活中关心、帮助他人的意愿。

三、表演准备

1. 幼儿前期经验

听故事《木偶奇遇记》，初步感知小木偶的动作特点。

2. 环境与材料创设

PPT，Flash，仙女姐姐，美丽的小花园，充气榔头。

3. 音乐

《七式进阶》《木偶兵》《杜鹃圆舞曲》。

四、表演过程

1. 媒体呈现《木偶奇遇记》的画面，引发幼儿的回忆

引导语：老木匠的本领可真大，今天，我也来学做故事里的老木匠，小朋友们就是小木头，等会儿我敲到哪根木头，哪根木头就变成我的小木偶，跳到中间摆出一个小木偶的造型，好吗？

2. 小木偶诞生

播放《七式进阶》音乐，教师扮演老木匠跟随音乐有节奏地敲打、制作小木偶。

播放音乐：用充气榔头随意敲击幼儿，幼儿摆出各异的造型，表示小木偶的诞生。

3. 游戏：我是木头人

播放《木偶兵》背景音乐，做游戏"我是木头人"，积累木偶人特色僵硬动作经验。

教师：我们都是小木偶，让我们一起来玩玩"我是木头人"的游戏，看看谁的动作最像小木偶。"我们都是木头人，不许讲话不许笑，还有一个不许动"。

4. 游戏：关节动一动

规则："木匠"拍自己身上任意一个关节几下，小木偶就把那里的关节动几下。幼儿随《木偶兵》音乐完整表现，教师随机辅以情境性语言，如把手伸出来，往上伸一伸，往前走一走，一起问个好！

5. 出现仙女，提问

提问：你们想变成真正的小朋友吗？要变成小朋友必须有一颗爱心。怎样才是一个有爱心的小木偶？

教师：你们从影片里看到有哪些人？他们帮助别人做了什么事？生活中也有很多人需要我们的帮助，你们想帮助谁？怎么帮助他们？

（1）创设语言情境：马路上太拥挤了，警察叔叔忙不过来，你们愿意帮忙吗？

小木偶随音乐帮助警察指挥交通，可以边随音乐表现，边用有节奏的语言：我帮警察叔叔指挥交通，请你等一等。（在这个过程中，幼儿指挥交通的运动动作虽然简单，但是参与度高，并且锻炼了对动作的控制能力）

教师：警察叔叔说，在你们的协助下马路变通畅了，真要谢谢你们。

（2）创设语言情境：你们能把这片空旷的草地变成一个美丽的小花园吗？怎样才能变成美丽的小花园？

在个别幼儿表演时可辅以有节奏的语言，如我把泥土松一松，我给小树浇浇水，小树小树快快长。

① 分组：可以两个好朋友一组，也可以几个好朋友一组，一起来植树种花，要先商量好谁来植树种花，谁来装扮小树小花。幼儿尝试合作表现，教师观察。

要点：观察幼儿表现小木偶植树种花的动作是否多样，关注幼儿的合作表现情况。

② 媒体演示：空旷的草地变成了一个美丽的小花园，鲜花盛开，绿树成荫，引发幼儿积极的情感体验。

教师：草地变成了美丽的小花园，真是太让人高兴了，大家都说谢谢你们。

仙女姐姐：恭喜你们，从现在开始你们终于变成一个真正的小朋友了。

孩子们欢呼："谢谢你，小仙女！"

教师：我太高兴了。你们终于变成一个真正的孩子了！那就让我们共同庆祝、尽情舞蹈吧！幼儿合作自由舞蹈，体验小木偶变成小朋友的快乐心情。

五、游戏总结

通过一个小小的木偶游戏，所有小朋友都参与到表演当中，在操控木偶的过程中，幼儿会进行动作模仿，从而锻炼了肢体协调能力，并且游戏过程相对较长，锻炼了幼儿的耐力与体力；游戏过程给予幼儿良好的心理体验，培养了幼儿正确的价值观，对幼儿心理健康发展也是有益的。由此可见，在木偶游戏中，通过合理的木偶游戏内容设计与表演引导，对幼儿的身心健康成长是有益的。

第三节　文化内涵与幼儿身心健康成长

在幼儿艺术领域中引入木偶剧的教学，对幼儿各方面都具有重要意义，在轻松的氛围中培养幼儿的兴趣，养成幼儿良好的性格，同时也陶冶了幼儿的情操，促进了幼儿的观察力、注意力、记忆力的提高。特别是木偶剧将心理学理论与实践联合起来，其表演与观赏具有治疗性、观赏性和趣味性等优点，它在心理健康教育实践中增添了一股新生力量。木偶艺术蕴含文化内涵和艺术教育价值，在幼儿园的木偶游戏中，对于幼儿的心理发展具有非常重要的价值和意义。

一、陶冶幼儿情操

幼儿生性活泼好动，从小就喜欢游戏活动，木偶表演对幼儿的吸引力比较大，木偶游戏的精神和幼儿游戏的精神和谐统一，对幼儿的学习教育起到了较大的作用。木偶游戏通过角色、环境以及故事情节的紧密结合，将生动的故事呈现在幼儿面前，吸引了幼儿的注意力，以趣味性的教学题材激发了幼儿的学习兴趣。由于幼儿自身的原因，以常规的教大道理的教育方法，对幼儿的教育效果不明显，甚至幼儿会出现抵触情绪。而在木偶戏的参与下，以比较直观的形象表演，让幼儿们积极参与其中，对内容有了比较深入的了解。经过多次的木偶游戏表演效果分析，幼儿对木偶游戏的记忆力较强，欣赏完木偶游戏的幼儿能比较清晰地复述出木偶游戏的内容，孩子看了木偶游戏，能很快明白故事的内容以及故事的含义。比起教师的讲课，具有较好的教学效果，所以，木偶游戏与幼儿教育的完美结合，提高了孩子的学习兴趣，进而达到了教学的目的。

通过木偶游戏的演示，将人物、动物生动形象地展现出来，木偶的可爱造型也深深吸引着幼儿，使幼儿在愉悦的环境中学习到了故事中的知识。同时木偶游戏的特点非常适合幼儿的心理发展特点，也是心理健康教育的一种有效辅导方式。它形象直观，寓教于乐，适合激发幼儿的学习兴趣，通过欣赏、角色扮演唤起幼儿相应的情感和取得独特的心理教育功效，融入心理学的知识和原理，给幼儿带来愉快的情感体验，满足内在的情感需要。在木偶游戏中没有外界的压力和强迫，没有刻意要达到的目的，因此紧张的心理压力较少，幼儿的情感是积极、轻松、愉快，且是发自内心的。木偶游戏的丰富可以深化幼儿情感，木偶游戏的内容反映社会的方方面面，幼儿在表演各种角色的同时，情感内容得到进一步丰富，它对幼儿是一种积极的潜移默化的心理影响和人格的影响。

例如，小班第一学期木偶表演中，可安排表演"高高兴兴上幼儿园"。这个剧本讲述了小鸭、小兔、小猫早晨上幼儿园的故事，表现的正是小班幼儿面临的问题，使用笑眯眯、高高兴兴等正面词汇，引发小班幼儿对上幼儿园产生积极的情感体验。对于小班幼儿吃饭掉饭粒的问题，可以开展"漏嘴巴的大公鸡"木偶表演，这个故事说的是孩子吃饭时掉饭粒，引来大公鸡啄饭粒到幼儿懂得不掉饭粒，幼儿观赏后会有更深的情感体验和念儿歌的兴趣。对于心理有障碍的幼儿，可以在对幼儿进行品德及安全教育时，教师与幼儿共同进行教育内容的编排及表演，在整个过程中，让幼儿从中学习故事中的意义。教师可以根据实际情况进行故事的编排，如果遇到幼儿之间发生矛盾的情况，为了不伤害幼儿的自尊，教师可以以木偶表演进行情景再现，并引导幼儿认识到自己的错误之处，进而解决问题。

二、完善良好的性格品质

人的性格是随着自己的生活习惯逐渐形成的，在形成的过程中会受到社会、家庭及学校教育等各方面的影响。木偶游戏因有着有趣的故事情节、惟妙惟肖的语言、生动形象的动作和合适气氛的音乐，深受孩子的喜欢。在幼儿园教育中开展木偶表演教育，使幼儿在轻松愉悦的氛围中感受故事的教育意义，可以通过表情、语言以及动作来表达故事的中心思想，可以帮助幼儿养成活泼开朗的性格。

从幼儿的心理方面分析，良好的木偶游戏的演示可以在一定程度上克服幼儿的性格缺陷，对于一些比较内向、平时不爱与人交流的幼儿，以及一些有心理疾病的患儿，为他们创建一些木偶游戏氛围，他们在游戏中与人交流互动，有利于心理健康发展。通过欣赏"黑猫警长""老鼠嫁女儿""小红帽"等精彩的木偶表演，真实地体验故事情境，并让不同的幼儿学习木偶表演，教师及时给予赞扬与肯定，幼儿从中可以获得成就感。幼儿时期的教育对幼儿的心理健康发展至关重要，开展良好的木偶游戏教学可以加深幼儿的感官印象，以生动的形象呈现在幼儿面前。

通过木偶游戏增强了幼儿的学习兴趣，有助于幼儿思考能力的提升，幼儿多次的表演经历可以锻炼胆量，让幼儿学会战胜胆怯心理。在教师的引导下，可以逐渐帮助幼儿形成积极活泼的个性，弥补现实生活中不能实现的愿望，宣泄现实生活中所带来的不良情绪，对缓解幼儿内心的紧张和促进幼儿的心理健康具有重要的意义。例如，木偶游戏"搬家"讲述的是：在快速发展的过程中，各种废气及污水的排放导致了环境的严重恶化，使得小动物们不得不离开自己生活的地方，后来在环保天使的帮助下，小动物恢复了以前的生活环境。通过木偶游戏"搬家"的学习，培养了幼儿团结友爱、关心他人、保护环境的优良品质。如木偶游戏"丑小鸭"讲述了一只丑小鸭变成白天鹅的故事，丑小鸭的故事积极地鼓励幼儿要找回自我，找回自信心，对于幼儿具有重要的教育意义。再如，通过对木偶游戏"小猫钓鱼"的学习，让幼儿懂得做事要一心一意才能把事情做好。当然，教师要意识到，培养幼儿要有坚持性、进取心。又如，木偶游戏"小熊住山洞"的欣赏，对心理患儿的心理治疗也得到了无可比拟且独特的效果，在小熊等待砍树的过程中，幼儿的经验被赋予了生活的意义，帮助幼儿调节内驱力冲突、内心挣扎、焦虑，满足幼儿的心理需求。

在木偶的对话互动中引导幼儿认识世界，丰富其应对方式，宣泄情绪困扰。幼儿园木偶游戏极大地改善了幼儿的心理状况，并对他们以后的生活、学习起到了重要的作用，有助于幼儿良好性格的养成。

三、促进社会适应

在幼儿社会交往技能的发展中，常以自我为中心。木偶表演涉及分配角色、不同角色的相互配合，还有场景的布置以及木偶道具的如何使用等一系列环节的工作。所以，在表演木偶游戏的过程中，可以很好地锻炼幼儿的合作意识，促进幼儿之间的平等友好关系，学会分享、协商、谦让和互助等行为方式，建立良好的同伴关系，消除自我中心。

尤其是表演"三根棍杖"的中型木偶时，如果幼儿的动作不协调，配合不默契，那么角色的特点就不能很好地表现出来。在合作操作木偶表演一个角色时，幼儿需要在一起商量互换角色表演等，从活动中可以增强幼儿的合作意识，促进了幼儿之间协商、合作、互助等能力的提升。幼儿园木偶游戏表演、观赏活动中，可以有效地增进教师与幼儿之间的相互了解，改善师生关系。有利于教师深入了解幼儿心理特征、迫切需求，拉近师生距离，继而进行有针对性的、切实有效的教学，让木偶课堂变得灵动多彩，使幼儿在轻松愉快的氛围中学习成长，更好地学会与教师密切合作，促进幼儿自身的学习和发展。木偶游戏中动物的正反角色对比，让幼儿知道美与丑、善与恶，提升幼儿的道德意识，萌发其正义感，遵守基本的社会行为规范，从而适应社会发展的需要。

四、推动幼儿综合素质的发展

为了促进幼儿综合素质的发展，教师可以引导幼儿利用身边的物品及废弃的玩具等材料自己动手做木偶玩具，教师要提前分析木偶的种类及特点，让幼儿在制作木偶的过程中感知木偶的特点。幼儿凭借自己的动手操作能力，可以很快地制作木偶玩具。比如，用盒子、袜子、布、信封等加以制作，如剪开纸盒的一侧，纸盒变成能开合、像动物的牙齿能上下咬合的纸盒偶。幼儿在自己动手制作木偶的过程中，可以感受到其中的乐趣，发展幼儿的美感，提高审美能力、动手能力和创作能力。

在塑造艺术木偶美好形象中，幼儿依据自己的意愿装饰舞台，同时再让幼儿自编自演一个小故事，这样就更加能调动幼儿的积极性，在活动中收获成功的喜悦。在周末或假期时，可以建议幼儿与父母一起制作木偶玩具，给家长与幼儿提供一个交流感情的机会。在整个过程中，家长与幼儿都能获得无穷的乐趣，从选择材料到外形的制作等一系列过程，父母与幼儿需要不断地商量和交流，从而提高了幼儿的语言水平，增进了家长与孩子的亲子感情，提升了家庭教育质量，有利于幼儿的健康快乐成长。在木偶表演的过程中，给幼儿提供自由发挥的空间，积极鼓励幼儿大胆地进行表演，充分发挥幼儿的个性。幼儿表演时，家长、教师最好不要打扰孩子，可以在一旁仔细观察，每个幼儿都会有不同的表演方式，通过木偶表演，表达了孩子的情感变化，说出了自己的感受。幼儿的表演欲望被激发起来，提高了幼儿表演能力。幼儿自己编排木偶故事，可以极大地促进幼儿思维能力的提升，很好地促进幼儿综合素质的发展，提高了幼儿的心理素质。

在幼儿教学中开展木偶游戏活动，根据幼儿的心理特征，积极运用木偶游戏的优势，可以开发幼儿智力，积极促进幼儿的心理健康发展，激发了幼儿对环境事物的兴趣，同时也发展了幼儿的智力，在木偶游戏的学习过程中养成了良好的性格，为幼儿的想象能力及思维能力的发展提供了广阔的空间。

第六章

木偶戏推动幼儿社会认知发展

　　游戏是幼儿最主要的学习方式,幼儿主要生活在家庭环境中,对社会接触很少,因此当幼儿接触社会初期,对社会认知是不完善的,从而有可能在社会交往中出现一些问题。为了做好幼儿与社会的衔接,教师可以采用游戏教学方式,丰富幼儿的社会认知,让幼儿能在模拟的过程中掌握更多的社会交往礼仪与知识,木偶游戏就是很好地促进幼儿社会认知发展的教学方式。著名发展心理学家让·皮亚杰指出:认知发展是指个体自出生后在适应环境的活动中,对事物的认识以及面对问题情境时的思维方式与能力表现,随年龄增长而逐渐改变的过程。幼儿的社会认知发展是指幼儿面对社会人和事物的处理方式,包括思维、情感、语言、智力等。

第一节　木偶游戏促进幼儿社会认知能力发展

　　不论玩什么游戏,都能丰富幼儿的情感体验,并有益于开发幼儿的智力,幼儿智力水平越高,社会性就越强,解决问题的能力也就越强,从而使幼儿迅速适应幼儿园的生活。游戏对于幼儿成长的作用是非常巨大的。在丰富巩固幼儿知识的同时,能促进幼儿智力的发展,有利于幼儿语言能力的发展,重视幼儿对游戏的需求，满足幼儿游戏的本性，创设丰富、合理的游戏环境，让幼儿在游戏中提高自身能力，在游戏中学会生活。游戏是幼儿最基本的活动，其不仅可以推动幼儿认知的发展，培养幼儿良好的性格，还能培养幼儿的社交能力。

一、基于不同木偶游戏，推动幼儿社会认知发展

木偶游戏作为一种基于现实认知的虚拟游戏表演，可以通过情境训练方式提高幼儿的社会认知能力发展，社会认知离不开一定的人群、团体和他人，即一定的社会情境。社会情境是社会认知能力提高、发展和成熟的具体条件，社会能力的培养必须注重创造各种典型的社会情境，引导幼儿在特定的社会情境中以角色为榜样，改善人际认知，体验他人情绪，优化社会行为，形成社会认知能力。爱游戏是幼儿的天性，但就幼儿对于事物充满好奇的心理特征看，游戏活动若只是简单的重复，便会对幼儿的好奇心、想象力、良好品质的培养形成阻碍，甚至会局限幼儿社交能力的提升，所以，教师要想办法为幼儿开展灵活多样的木偶游戏活动，搭建社交平台。

1. 想象性木偶游戏

幼儿3岁时就可以完成想象性游戏，当一个3岁的幼儿在玩耍时，家长常常会看到这样的情景：孩子对着自己的玩具——布娃娃，跟"她"交流，而且嘴里念叨的是父母或奶奶经常跟她说过的话："宝宝，妈妈给你洗脸、穿衣，让你变得漂漂亮亮的。等你穿好之后，妈妈给你好吃的……"这种想象性游戏虽然怪诞、夸张，但是儿童却能在假想的情景里，按照自己的意愿，扮演着生活中的各种角色，体验各种角色的思想和情感。这就是幼儿社会认知的基本方式之一，幼儿在游戏与想象中认知社会，并且形成初步的社会观念。在幼儿教育中，基于木偶游戏方式，多组织和开展这种想象性游戏，给幼儿一个木偶，然后让幼儿通过想象发挥自己在集体中的作用，逐渐纠正幼儿自私、挑剔等不良行为。一个简单的小木偶，就可以让幼儿生发出诸多的想象。

2. 表演性木偶游戏

幼儿天性除了爱玩之外，还有爱求知的欲望。一般而言，孩子从小就有很强的求知欲，如早上睁开眼，他们就希望在听故事中完成穿衣服、洗脸、刷

牙、吃饭等步骤，当一天的生活结束时，他们会希望在睡前的甜美故事中进入梦乡。针对孩子爱听故事这一特点，教师可以在教学中充分借助一些喜闻乐见的寓言故事、神话故事、童话故事，培养幼儿健康向上的生活情趣和优秀品质。需要注意的是，故事的呈现要通过各类形式的木偶表演来完成。比如"白雪公主"，幼儿在听了故事之后，教师要按照内容情节给幼儿分配角色，让他们在绘声绘色的语言、夸张的表情、诙谐的动作中感受不同角色的人物心理，揣摩与人交往的方法和技巧，培养幼儿的交往能力。幼儿在进行木偶表演中，不管是与他人进行配合还是自我表达，实际上都是其社会认知能力的发展与进步。如在"白雪公主"中，他们将学会辨别基本的善与恶、美与丑等基本概念。

3. 生活类木偶游戏

在日常生活中，幼儿对社会的认识往往是从身边人尤其是从教师和家长身上进行认知的。幼儿的学习也是从模仿中而来的，通过对周围人的行为方式进行模仿，能让幼儿对社会交往产生更加直观的认识。教师可以为幼儿创设生活情境，让幼儿对自己在日常生活中见到的事物进行模仿，展现对社会交往的认识。如在一次幼儿教学中，教师为幼儿设计了一个"逛超市"的木偶游戏，让幼儿根据自己的喜好扮演成超市中的工作人员或者是顾客（木偶），在教室中利用各种游戏资源模拟逛超市的场景。由于幼儿平日经常跟着父母一起逛超市、买东西，因此对这个场景非常熟悉。有的幼儿会模仿妈妈挑选货物的样子，与售货员围绕物品进行沟通。在选择了自己喜欢的物品之后，扮演顾客（木偶）的幼儿还会拿出手机道具，让售货员扫码收款。售货员也会对顾客说："请带好随身物品，欢迎下次光临！"在生活类木偶游戏中，每个人都对自己的生活进行了展示，使幼儿对社会交往产生了初步的认识。

4. 社会类木偶游戏

幼儿的生活范围比较小，他们接触的社会生活也比较有限。当他们在踏入社会之后，就会面临很多陌生的社会交往场所，会出现不知所措的情况。因此，教师可以在游戏中模拟多样化的社会交往活动，让幼儿能接触更多的社会生活场景，并在其中进行学习和发展，实现其社交能力的提升和发展。教师可以带领幼儿来到图书角，让幼儿在这里玩模拟图书馆的木偶游戏，掌握去图书馆的基本社会礼仪。在开展模拟图书馆游戏之前，教师会对幼儿进行基本礼仪的教学，告诉幼儿在图书馆中不能大声说话，更不能奔跑、打闹，不能打扰他人的阅读。在进入图书馆之后，要使用证件借阅图书。如果想要在图书馆中进行阅读，要先选择自己想要阅读的图书类型，来到对应的区域。在儿童阅读区不仅有大量适合幼儿阅读的绘本，还有很多小桌子、小椅子，能让幼儿舒服地进行阅读。教师让幼儿按照一定的秩序选择图书，并在桌子前坐好，进行阅读。当模拟图书馆游戏结束的时候，教师带领幼儿有秩序地走出图书馆。在这个过程中，幼儿获得了独特的社会生活体验，掌握了新的社会交往技能。

二、木偶游戏促进幼儿社会交往技能发展

社会交往是两个或两个以上的幼儿运用语言或非言语性交流信息，交流情感。角色、情境、游戏内容的表现和展开，都依赖于幼儿间的社会交往。游戏中的交往一般有两种：一是现实情境的交流。如商量有关的事"你当爸爸，我当妈妈"；二是以角色的身份交流，用接近角色形象的口吻谈话。如"你生病了，要去看医生""手帕脏了，我来洗洗吧"等，实际上都是基于角色定位，寻找自己的语言与行为，展开基本的社会交往活动。幼儿的语言与行动意味着幼儿对于社会的认知能力发展。木偶游戏既有情境游戏特征，又有角色游戏特征，因此木偶游戏教学方式非常适合促进幼儿社交技能发展。

1. 丰富游戏内容，促进幼儿社会交往

小班幼儿木偶游戏主题常随外部条件和自己情绪的变化而变化，具有不稳定性。他们对规则理解较差，控制力差，一般以独自游戏和平行游戏为主，彼此间交往少，不会解决矛盾，因此小班角色游戏内容不能太多。游戏时，相同内容的游戏可多设置几个，如同时开办几个"娃娃家"等，使幼儿按照木偶角色在独自游戏的同时，开展一些平行游戏，以促进其交往。而中、大班幼儿对扮演角色感兴趣，且较为逼真，并能按所理解的角色职责付诸行动，游戏中，幼儿交往增多，游戏主题较稳定，内容丰富。游戏的独立性、计划性与集体性增强，他们喜欢合作游戏。因此，教师可通过启发幼儿增加游戏角色和扩大或新增游戏主题，丰富游戏情节，加深幼儿对游戏规则和角色职责的理解，提高他们的社会交往能力和组织能力。

2. 挖掘游戏渠道，提高幼儿社交能力

木偶游戏是儿童对周围现实生活、剧本内容以及想象生活的反映，但起核心作用的还是其对自身生活知识与体验的感知。掌握和积累社会生活经验是展开木偶角色游戏开展的基础，也是游戏中幼儿进行社会交往的基础。由于交往行为是多层面、多角度的，故合适的交往行为是幼儿有效交往的重要保障，因此，教师要善于通过不同的途径满足幼儿交往的需要，提高幼儿的交往能力。

（1）让幼儿根据环境设置发展特殊语言。在木偶游戏过程中，教师可以适时用语言引导幼儿进行交往，尤其是一些特殊环境下的特殊语言。如在玩"医院"木偶游戏时，幼儿就会根据自己平时去医院的体验，说出一些医院特殊环境中的语言。给小木偶打针时说："小朋友不要怕，一会儿就好了，一点都不痛！"给小木偶测体温时说："哎呀，有一点点发烧啊，要吃一点药哦！"通过特殊环境的语言交流，既丰富了幼儿交往的内容与形式，又使幼儿能够正确运用语言进行交往。

（2）让幼儿在木偶游戏中基于角色展开社会交往。木偶游戏是幼儿非常喜欢的一种游戏活动，它可以在角色扮演中让幼儿反复体验角色的情感需要，不断训练幼儿的交往技能。如活动区设立的娃娃家、医院、理发店、菜市场、表演角等，扮演不同的木偶角色就必须从思想上尽量摆脱自我，以所扮演的木偶角色自居，让幼儿体验木偶角色的情感需要，如"娃娃"与"长辈"、"医生"与"病人"、"营业员"与"顾客"间的交往，孩子们你来我往，能学习不同角色之间的交往方式，逐渐摆脱"以自我为中心"的意识，不断学习社会经验和行为准则，进而使同情心、责任感得到发展，并逐渐养成了互相帮助的优良品质。如"菜市场"的营业员为"老奶奶"送菜，"娃娃家"的爸爸搀扶着"老爷爷"看表演等。

（3）基于木偶游戏之间的联系推动幼儿交往。除了角色特征的木偶游戏之外，各年龄班还应开展一些建筑特征、结构特征、表演特征等的木偶游戏。特别在中、大班，有时可以将几个游戏联系起来，如把"娃娃家"同建筑特征游戏等联系起来，"娃娃家"的"爸爸""妈妈"带着孩子去参观建筑角幼儿搭好的公园……有了较丰富的游戏内容，就有了较多的交往机会。丰富的游戏内容是幼儿交往的良好环境，木偶游戏角色可以更丰富，内容也可以更繁多，幼儿既可以按照既定剧本玩木偶游戏，也可以自由发挥让小小的木偶展示出新的游戏内容。

三、以社会认知为目标的木偶游戏需重视的问题

幼儿的交往能力是在不断交往实践中发展起来的。因此，教师应利用一切机会，努力给幼儿提供全方位的社会生活，逐步创造条件帮助幼儿扩大交往空间和范围。设置不同社会交往内容的木偶游戏来丰富幼儿的社会经验，开阔幼儿的眼界，提高其交往能力。在指导培养幼儿角色游戏的社会交往过程中，教师应始终记住：幼儿是游戏的主人，教师是支持者、参与者，而不是指挥者。

1. 引导幼儿采用合理方式解决纠纷

幼儿在木偶游戏中因不能担任自己喜欢的角色，往往会发生纷争。这时如果由教师指定，肯定有一方不愉快，因此只能出主意，由他们自行公正解决。如一次玩"娃娃家"的游戏，心怡和诗韵两个都想当"妈妈"，怎么办呢？在两人都不相让的情况下，笔者就让她们用"猜拳"的游戏方式，谁赢了谁就担任"妈妈"的角色，于是问题很快就得到了解决。后来幼儿遇到类似的问题，都会用协商、分享、轮流等方式解决，取代了争执、独霸等不良行为。

2. 努力为幼儿创造游戏中社会交往情境

教师要不断为幼儿输入交往的信息，使其在扮演木偶角色中学会交往的知识和技能，体验交往的乐趣。一次，在游戏前，笔者向幼儿介绍商家为了吸引顾客，都会开展许多宣传活动，如试吃、优惠、抽奖、评最佳服务员以及服务员如何向顾客推销新款食物等。这就大大丰富了幼儿在游戏中交往的内容，且在活动中认真地扮演了自己的角色，自如地运用交往语言，并能做到互相配合，玩得津津有味。

3. 以榜样示范方式引导幼儿提升社会认知

教师在每一次木偶游戏结束时，都把交往的表现作为游戏评价的其中一个内容，对成功交往的行为给予充分的表扬和肯定，对一些交往差或不够好的行为给予及时指正和指导。这样就能逐步改进幼儿的交往技能，提高幼儿的交往水平。在以社会认知为目标的木偶游戏中，孩子的表演不是最关键的，而孩子

在木偶游戏中表现出来的社会认知能力才应该是重点关注的，教师找出其中社会认知做得好的幼儿予以表扬，起到示范作用。

4. 教师要正确认识自己在木偶游戏中的角色定位

作为教师，可以扮演其中的一个木偶角色参与到孩子的游戏当中，或者作为观众安静地看孩子的"表演"，并细心地观察孩子的表现，如果发现孩子有运用不够恰当的语言或行为时，教师可以在不影响孩子游戏的前提下进行适当的引导。孩子在游戏中遇到的问题，教师要引导孩子自己去试着解决问题，而不能包办代替，或者帮孩子出谋划策，这样就能提高孩子处理问题、解决问题的能力。在木偶游戏中，教师可以是组织者、观察者或参与者，但不能是包办者，也不能是干涉者。教师应通过为幼儿创设的各种木偶情境，对幼儿的社会认知和行为进行进一步塑造与巩固强化。首先，教师要利用各种机会，利用木偶教给幼儿认识社会和与他人交往的技能。例如，友好地与同伴交谈；用他人喜欢的名称称呼他人；理解、知道他人的兴趣与爱好，既能服从他人的兴趣，又不盲从；更多地注意他人的长处而不是缺点；愿意与同伴分享玩具、活动场地；在游戏中既能积极地提出建议，又能尊重他人的意见等。其次，要让幼儿有充分的练习机会。幼儿园的游戏，尤其是角色游戏等活动区游戏是幼儿社会认知能力发展的主要练习环境。通过角色游戏，幼儿逐渐掌握社会行为规范的道德准则，学习正确处理人际关系。实践证明，游戏可以帮助幼儿转换社会视角，使他们能设身处地地站在他人的立场，用他人的眼光看待问题，并且，通过要求幼儿遵守约定俗成的行为规则，使他们学会控制自己的行为，符合集体规则，并逐步形成协调人际关系的合作能力。

第二节　木偶教育促进幼儿社会认知能力发展

目前，我国幼儿进入幼儿园的时间为3岁之后，进入幼儿园后，需要一定的时间适应。当幼儿进入4岁以后，已经具有相当的智力和体力，他们可能会产生一定的独立意识，从而不再处处依赖成人。随着他们活动的范围逐渐扩大，与同伴交往的愿望日益强烈，但由于缺乏社会交往技能，矛盾冲突也迅速增加。面对这种情况，幼儿教师若是能够通过木偶游戏给予正确的社会交往技能的教育，就能帮助幼儿克服以自我为中心，增进积极的自我意识与社会意识，形成良好的个性品质，特别是满足幼儿与同伴相处的社会需要。木偶游戏具有社会背景，并且具有角色游戏特点，不同的角色会呈现不同的社会交往特点，对幼儿来说，社会认知与社会交往技能是在同龄人之间保持友谊、实现合作的技能，它包括分享、轮流、互助、协商、合作等一系列社会性能力。尽管多数幼儿也会通过平时社会实践的经验积累缓慢地掌握这些社会性技能，但集中训练可以缩短幼儿习得技能的过程，增加其成功的喜悦，使绝大多数幼儿在社会性方面都能获得较好的发展。

一、基于社会认知发展的系列木偶游戏基本情况

木偶游戏是幼儿喜欢的游戏形式，通过木偶角色扮演与表达，可以促进幼儿的社会认知发展。教师可选择或者设计两个形象可爱的动物木偶，为了便于操作，所选择的木偶不要太小，也不要太大，适中即可。教师把幼儿日常社会交往中经常发生的冲突情景编成若干个木偶游戏，通过木偶戏表演，使幼儿了解和掌握解决各种社会交往冲突的途径与方法，并能作为自己解决问题时的参考。木偶游戏教学的内容比较简短集中，每次只解决一个问题，具体表演时间控制在5分钟。木偶游戏教学时间可以安排在午睡起床后进行，表演过程中要求幼儿仔细看、认真听。教师除向木偶提供建议外，不组织幼儿讨论、交流，让幼儿自行感悟与了解。当然，若是在游戏表演过程中或者表演完成之后，幼儿提出了问题，教师是可以通过木偶的"语言"来予以解答与分析的。当表演结束，活动也就停止，不需要另外组织其他相关教学活动。

之所以设计成系列木偶游戏，主要目的是让幼儿对其产生熟悉感与亲近感，从而愿意从它们身上学习东西。社会认知本身也有一系列知识，系列木偶游戏有体系特征，可丰富与完善幼儿的社会认知。

二、基于社会认知发展的系列木偶游戏设计与表演

系列木偶游戏之一：认识小木偶

活动过程：

教师先介绍：有两个小动物要在每个星期二、星期四到我们班来玩。它们一个叫圆圆，是可爱的熊猫；一个叫吉吉，是灵活的猴子。我们要爱护它们，让它们每次都玩得快快乐乐的（动物名字或动物形象，各教师可自定，以幼儿喜欢或者熟悉的叠字名称为主）。

两只提前设计好的木偶进来，向小朋友招招手。

教师："你好，圆圆，你看起来好像有点不高兴，我能帮助你吗？"

圆圆（木偶）："我很高兴到你们中班来，但是，我走得太匆忙了。忘了带吃的东西。"

教师："哦，你是饿了。我们中班小朋友非常愿意帮助你，他们为你准备了许多竹子。"小朋友纷纷拿出事先画好或剪贴的竹子请圆圆吃。

圆圆（吃完竹子）："谢谢大家，这些竹子味道好极了。我已经不饿了。"

教师："吉吉，你看上去也有点不高兴，我能帮助你吗？"

吉吉（木偶）："我没有东西吃，我很饿。"

教师："吉吉，不要难过。我们班小朋友知道你喜欢吃果子，他们为你准备了许多桃子、苹果、香蕉、梨子，你爱吃什么就拿什么。"（小朋友们纷纷拿出各种水果的图片送给吉吉，吉吉开始吃）

教师："你们刚才来的时候都很饿，能帮助你们，让你们吃个饱，我们很高兴。你们现在觉得怎么样？"

圆圆："我感觉很舒服，很快乐！"

吉吉："我们感谢中班全体小朋友，是你们帮助我们解决了困难。"

游戏目的与社会认知目标：引导幼儿学会帮助他人；建立初步的游戏背景与认知，为后续游戏做铺垫。

系列木偶游戏之二：帮圆圆捡玩具

活动过程：

教师告诉幼儿，今天只有圆圆来我们班玩，吉吉去它奶奶家做客了。

教师："你好，圆圆。你拿了一篮什么？"

圆圆："这些是我爸爸从北京带回来的玩具，我想中班小朋友也许喜欢它们，所以想带来给他们玩。但是我把玩具弄到地上了，呜呜呜……"

（圆圆不小心把篮子打翻了。玩具滚了一地，圆圆皱着眉，非常苦恼的样子。）

教师："圆圆，玩具打翻了，你看起来很不高兴，不要难过。我们小朋友可以帮你捡，要是让你一个人捡，那得捡很长时间，可是大家帮你捡，一会儿就行了。"

（小朋友一起动手，把玩具捡起来擦干净，放进篮子里，圆圆笑了。）

教师："圆圆现在不难过了，因为我们帮它捡了玩具。现在，它要给大家看它的玩具。"

（圆圆逐件取出玩具，教师指导幼儿观看。问大家是否喜欢这些玩具。）

教师："圆圆，你的爸爸来接你回家了。欢迎你下次再来玩。"

圆圆："老师再见，小朋友们再见，谢谢你们的帮助。"

游戏目的与社会认知目标：当别人遇到困难的时候，大家要一起帮忙，就可以解决困难；有好东西要记得与朋友分享。

系列木偶游戏之三：分享积木

活动过程：

（教师事先在积木盒中准备红、黄积木各20块。）

教师："今天，圆圆和吉吉又要来我们班玩了，我们要让它们在这里玩得快乐，又学到新的本领。"

圆圆："您好，老师，今天我们又来幼儿园了。"（吉吉紧跟着也进来了。）

教师："欢迎你们，今天我和小朋友为你俩准备了一些积木，你们就在这儿玩吧！"

圆圆（急切地）："我要搭积木。积木在哪里？"

教师："这些积木是给你俩玩的。吉吉，你也来玩吧。"（吉吉走向积木，伸手去拿。）

圆圆："不行，吉吉。这些积木我要用。"

教师："圆圆，这些积木是给你们两个人玩的，你想一个人玩全部积木，吉吉会怎么想呢？"

吉吉："我心里很难过。我也想搭积木。"

教师："如果圆圆和你合用这些积木，你就会高兴，是吗？"

吉吉："是的！圆圆可以用红色的积木，我可以用黄色的积木。"

圆圆："不行，我要红色和黄色两种积木。"

教师："我能帮助你们一起玩积木。圆圆，你会两个两个地分积木吗？先拿两块积木给自己，再拿两块积木给吉吉，一直分下去，直到积木全部分完，你可以先分红的，再分黄的。"

圆圆："我能像老师那样分。"

（圆圆开始分积木，一直到把积木分完为止。）

圆圆："吉吉，我们两个都有积木了，我要搭一座大桥。"

吉吉："我要搭一座房子。"

教师："圆圆，吉吉，刚刚你们不知道怎样一起玩积木，后来你们学会了分享积木，就玩得快快乐乐了。"

吉吉："我喜欢在圆圆身边玩积木。"（圆圆听吉吉说喜欢它，高兴得手舞足蹈，碰倒了吉吉的房子。）

吉吉："圆圆，小心点，你撞倒我的房子了。"

圆圆："哦，对不起，吉吉。我修好它。"

教师："你们在一起玩得很高兴，天不早了，该回家了，请你们先把积木放回盒子里去。"

（圆圆、吉吉收拾积木，然后与教师、小朋友互道再见。）

游戏目的与社会认知目标：学会分享与合作，不能太自私。

系列木偶游戏之四：合在一起玩

活动过程：

（教师准备一盒插塑片。）

吉吉、圆圆走进活动室，向教师、小朋友问好。

教师："圆圆、吉吉，你好！上次你们搭了积木，今天你们玩插塑片，好吗？"

圆圆："好啊，好啊！我喜欢这些插塑片（它将玩具盒放到自己面前），我会插汽车。"

吉吉："圆圆，我也想玩这些插塑片。"

圆圆："不行，我正在插呢！"

吉吉："老师说过我们两个人一块玩。"

教师："你们俩好像不知道怎样玩这些插塑片，我来帮助你们。还记得上次你们合用积木，玩得很开心吗？你们要是也合用这些插塑片，不就都可以玩了吗？"

吉吉："我记得圆圆两个两个地分积木。"

圆圆："那除了两个两个地分，还能想出别的办法吗？"

教师："当然能。你们先想想。"

圆圆："把盒子放在桌子中间。每个人按需要从盒子里取插塑片，行吗？"

（教师表扬圆圆爱动脑筋。盒子放在桌子中间，圆圆和吉吉各自取插塑片，时而相视而笑。）

教师："你们插得真有趣。你们是好朋友，一开始，不知怎样玩，后来动脑筋想出了好办法。你们自己帮助了自己，心里一定很高兴。"

圆圆："我非常想在这个幼儿园玩！"

吉吉："我也是。"

教师："你们的妈妈来了，收好插塑片准备回家吧！"

游戏目的与社会认知目标：合作玩要更愉快，遇到问题需要动脑筋解决。

系列木偶游戏之五：角色轮流当

活动过程：

（教师事先准备桌子1张，布娃娃2个，白大褂1件，护士帽1顶，压舌板，听筒，针筒，药瓶等。）

（两个小动物走进来，跟大家打招呼。）

教师："圆圆、吉吉，欢迎你们。"

吉吉："我真想来幼儿园，我天天看日历是不是星期二、星期四到了。"

教师："今天你们玩什么呢？你们来玩医院游戏吧，你们两人都去过医院，是吗？"

圆圆："去过，去过好多次哩！"

吉吉："我去过那儿。我不喜欢打针。"

教师："你不喜欢打针。可以当医生，让护士给娃娃打针。"

圆圆来到桌子边，赶忙拿起白大褂，并说："吉吉，我做医生，你做护士。"

吉吉："圆圆，让我做医生好不好？我也喜欢让护士来打针。"

圆圆（生气地）："吉吉，你专门跟我过不去，我要做什么，你也想做什么。"

吉吉："你总是先拿到手，再告诉我该玩什么。"

圆圆："不对，我没有，我总是和你一起玩的。"

教师："你们好像又在生气嘛！我能帮助你们吗？"

圆圆："请您帮助我们吧！"

教师："你们俩轮流做医生，好吗？一个先做医生后做护士，另一个先做护士后做医生，这叫作轮流。"

吉吉："我先做医生，然后圆圆做医生。"

圆圆："行，你做医生，我做护士，可是你玩过一会儿，就该让我做医生了。"

（吉吉穿上白大褂，圆圆戴上护士帽，它们分别给两个娃娃看病和打针。）

（过了一会儿）圆圆："吉吉，该我做医生了。"

吉吉："好吧，我来当护士。"

教师："今天，你们轮流当医生和护士，玩得很开心，轮流是解决角色不够的好办法。现在收好玩具该回家了。"

游戏目的与社会认知目标：通过角色互换的方式，可以更好地合作游戏玩耍。

系列木偶游戏之六：图书轮流翻

活动过程：

（活动前在桌上准备两本书，教师为幼儿朗读书的内容，其中有一本书是班上幼儿比较喜欢的。）

教师："今天圆圆和吉吉又要来我们班玩。我选了两本书，等会儿给它们看。小朋友，你们帮助我决定给它们看哪本书更好，我举起一本书，如果你喜欢就举手。"

（教师举起第一本书，数数有多少幼儿举手，再举起另一本书。）

吉吉："老师好，今天，爸爸送我来幼儿园，爸爸说他今天有事，要早点接我回家。"

圆圆："老师好，今天我们不能玩很长时间了。我们干什么呢？"

教师："我和小朋友为你们选了一本图书。这本图书我和小朋友都喜欢，希望你们也喜欢，快过来看书吧！"

吉吉："这书真漂亮。"

圆圆："里面有很多图画吗？"

教师："有，你们并排坐下，拿着书，这样你们就能一页一页地看清楚了。"

吉吉："我来翻书。"

圆圆："我也要翻书。"

吉吉："你不能翻书，因为是我先要求翻书的。"

教师："你们好像又发生问题了，我想我能帮助你们。你们可以轮流翻书。"

教师："圆圆，你好像还不怎么高兴。"

圆圆："我想先翻书，可我总是让着吉吉。"

吉吉："那这次你先来吧，圆圆！"

教师："吉吉，你做得真好，我想这样圆圆一定很高兴。圆圆，是吗？"

圆圆："是的，谢谢你，吉吉。"

（它们开始看书，圆圆先翻，后来它让吉吉翻，教师讲述故事内容。）

教师："看书前，你们两个争着翻书，都生气了。后来，你们通过协商采取轮流的方法，看书看得很高兴，现在爸爸来接你们了，该回家了。"

圆圆："星期四我再来，小朋友、老师再见！"

吉吉："我也会来的，谢谢老师和小朋友。"

教师："小朋友，圆圆和吉吉正在学习很多本领，怎样能在一起高高兴兴地玩？怎样做好朋友？在玩的时候要想一想，别人心里是怎么想的。吉吉本来争着先翻书，后来通过协商它谦让了。它们轮流翻书，玩得很快乐。"

游戏目的与社会认知目标：合作学习更快乐。

系列木偶游戏之七：合作搭大桥

活动过程：

（活动前准备一大盒彩色积木，几个积木盒子。）

圆圆（兴奋地）："我们今天来幼儿园的路上看到消防车了，我可喜欢消防车了，吉吉见了消防车害怕，我跟他讲，别怕，消防员叔叔都是好人。"

吉吉："消防员叔叔都很勇敢，我很尊敬他们，可是我一听到消防车发出的警报声就有点害怕。"

教师："你们今天好像很兴奋。你们想玩积木吗？"

圆圆："啊，想玩，我可爱玩积木了。"

吉吉："我也想玩。我们搭什么呢？"

圆圆："我要搭消防车。"

吉吉："可是，我不喜欢搭消防车。"

圆圆："吉吉，你又找麻烦了，是不是？"

吉吉："不，我只不过是不想搭消防车。"

圆圆："老师，我想搭消防车，可吉吉不喜欢，我们怎么办呢？"

教师："上次搭积木，你们也是各人搭了一样东西，这次你们能不能合作，共同搭一样东西呢？吉吉不喜欢搭消防车，那就搭大桥，怎么样？"

圆圆、吉吉（高兴地）："老师，您的建议真好！"

教师："两个人共同努力搭一样东西，这叫合作。你们可以合作搭大桥和公路，要想想怎么搭，商量好用什么形状的积木搭。先把这些积木盒搬过去吧！你们一起搬盒子，这也是合作。"

（圆圆、吉吉协商搭积木并搭完。）

教师："你们两个好朋友刚才搭了大桥，又搭了公路，你们今天合作得很愉快。因为合作是依靠两个人的力量，所以搭得又快又好。现在，吉吉的妈妈快来接它回家了，我们要收积木了。"

圆圆："这么漂亮的大桥，我们不要把它拆掉。"

教师："你们以后会搭得比这个更漂亮。"

吉吉："过来，圆圆。我们合作把积木放到盒子里去，好吗？"

圆圆："好的，吉吉，我们以后还要在桥下搭些船，在桥上开汽车。"

教师："是个好主意，下次我们玩积木时记住搭船和汽车。"

圆圆："老师，积木收好了。吉吉，我们回家吧！老师，再见；小朋友，再见！"

游戏目的与社会认知目标：合作是遇到事情可以商量。

系列木偶游戏之八：协商与合作

活动过程：

（准备彩色积木，两辆汽车，两架飞机。）

（圆圆、吉吉走进来，心情愉快。）

教师："今天我和小朋友又为你们准备了积木，圆圆上次说它还要汽车，对不对？这汽车是为圆圆准备的，这飞机是为吉吉准备的，我希望你们还记得怎样合作。"

圆圆："谢谢老师、小朋友对我们的关心。"

吉吉："我今天不想搭大桥了。"

圆圆："我要搭桥，还要开汽车。"

吉吉："那我不跟你玩了。"

圆圆："吉吉，你这样对我说话多不友好，我心里真难过！"

教师："哦，你们两个好朋友又遇到困难了，我该怎么帮助你们呢？告诉我怎么回事。"

圆圆："吉吉不想搭桥了。"

教师："你们俩一个要搭桥，一个不想搭，你们意见不一致，对吗？"

吉吉："是的。"

圆圆："吉吉，我喜欢和你一起玩，可是不喜欢你老生气，还有对我那样说话，真不友好。"

教师："我知道你们是喜欢在一起玩的，你们已经搭过桥了，但可以想想还能用积木搭些什么呢？"

吉吉："那么，我们搭房子吧！"

教师："圆圆，你想起搭什么了吗？"

圆圆："我们搭个飞机场吧！"

吉吉："这个主意不错，我也想搭飞机场。"

（圆圆、吉吉一起合作搭建飞机场。）

教师："你们两个好朋友在一起很快乐。你们一开始不知道搭什么，后来协商一致合作搭飞机场，你们就高兴起来了。两个人意见不一样时，先不要生气，不要讲不友好的话，要慢慢商量，想出一个两个人都能接受的好主意来。"

游戏目的与社会认知目标：协商与合作是解决问题的好方式，而不是生气。

系列木偶游戏之九：轮流与合作

活动过程：

（准备充足的橡皮泥；匙、碗、盆各若干；一口锅和炉子。）

圆圆："今天我要当厨师，做饺子请小朋友吃。"

吉吉："我们两人都做厨师吧，我要做面条。"

圆圆："老师，你和我们一起吃饭吧！"

教师："好的，谢谢你们，我可爱吃饺子了，也爱吃面条。"

圆圆："等会儿我的饺子做好了，我要用锅煮饺子。"

吉吉："只有一口锅，怎么办？我也要用锅煮面条呀！（伸手拿锅）"

教师："圆圆和吉吉，你们又遇到困难了吧？今天，我要请小朋友为你们提出建议，怎样来解决眼前的问题。小朋友，谁愿意来帮助它们呢？"

（一个小朋友建议应该轮流用这口锅；一个小朋友建议让吉吉先用，因为做面条快，而做饺子比较慢；一个小朋友建议合作，先大家一起做面条和饺子，再一起煮，别的小朋友反对，说煮在一起不好吃。）

教师："你们现在听见小朋友的建议了，应当怎么做呢？"

圆圆："好吧！先让吉吉用。"

（圆圆、吉吉分别做饺子和面条。）

吉吉："圆圆，锅给你，我用好了。"

圆圆："谢谢你！正好我的饺子也做好了。"

（圆圆、吉吉请小朋友吃面条和饺子，吃完之后还需要收拾一下。）

吉吉："圆圆，你洗碗吧！"

圆圆："你洗碗，我放碗。"

吉吉："不，你洗碗，我放碗。"

教师："请小朋友为它们出主意，应当怎么办。"

（小朋友提建议后，决定协商解决这个问题。）

教师："你们已经学会了怎么轮流，怎么协商，怎么合作，我想你们会想出好办法来的。"

圆圆："我们合作，一起洗碗，然后一起放碗。但是刚才吉吉不该生气，生气不好，应该动脑筋，想办法。"圆圆和吉吉一边唱歌，一边劳动。

游戏目的与社会认知目标：协商是解决问题的方法，对于一些情况，是可以用轮流的方式来解决问题的。

系列木偶游戏之十：好朋友要互相谅解

活动过程：

教师："圆圆，你怎么一个人来了，吉吉呢？"

圆圆："哦，嗯，嗯。"

（吉吉生气地进来。）

教师："吉吉，看你生气的样子，发生什么事了？"

吉吉（生气地）："我很生圆圆的气，它在前面一个劲儿地跑，把我扔在后头。"

教师："圆圆，请告诉我们事情的经过，我和小朋友会帮助你们的。"

圆圆："我们刚才一起玩'双脚跳'游戏，我比吉吉先跳到终点。"

教师："你比吉吉跳得快，就这些吗？"

圆圆："起先，我跳得慢，吉吉就取笑我，说我笨头笨脑，我很生气，它还笑。"

教师："说别人笨，这是很不礼貌的语言，吉吉，是这样吗？"

吉吉："我本来不想笑它的，可它跳的时候样子很滑稽，我就忍不住笑了。"

圆圆："你就是笑我了，笑我笨头笨脑，笑我没你跳得快，我很生气。"

吉吉："可是你不该在前面跑，我们讲好比赛只能跳，不准跑，你破坏了游戏规则。"

教师："圆圆，你跑了吗？"

圆圆："嗯，我跑了一点点，我破坏了一点点规则。"

教师："吉吉，你说了不礼貌的话，取笑圆圆了吗？"

吉吉："我不应该说它笨头笨脑。"

教师："好朋友之间有时也会发生争吵，但是互相应该谅解。你们已经承认了错误，还应该怎么办呢？"

圆圆："吉吉，对不起，我下次一定遵守游戏规则。"

吉吉："圆圆，不要生我的气了，我不应该笑你，不应该说不礼貌的话，我也向你赔礼道歉。"

游戏目的与社会认知目标：好朋友要互相尊重，一起玩的时候要遵守规则，朋友吵架了要互相谅解，才能解决问题。

三、分析与思考

通过木偶游戏表演方式，将小朋友在社会生活中可能遇到的问题通过情境化模式表演出来，并且展示对应的解决方法，幼儿在模仿与思考过程中就会逐渐形成良好的社会认知。上述一个系列主要是基于合作、分享与朋友交流等社会认知层面的。教师在完成一个系列之后，还可以根据本班的具体情况，自编两至四个更复杂的矛盾问题，每次均由小朋友讨论多种解决方案。然后，从中选择一个多数人赞同的方案来解决问题。

在以社会认知能力培养为目标的系列木偶游戏中，尽量直接进入主题，教师则更多扮演智者的角色，引导幼儿在思考中探索解决问题，从而形成正确的社会认知。游戏过程尽量简短，游戏内容不要过于复杂，尽量直奔主题，这样就可以取得较好的教育效果。

第七章

木偶戏推动幼儿艺术素养发展

　　培养幼儿艺术素养，陶冶幼儿情操是幼儿园艺术教育的五大领域之一。幼儿教师要重视在教学过程中培养幼儿的艺术素养，积极创新教学方式，为幼儿创设一个良好的艺术教学氛围，确保幼儿在教育教学过程中接受良好的艺术熏陶，为幼儿的艺术发展提供良好的保障。艺术性教学具有强烈的感官特征，幼儿可以通过视觉、听觉或触觉了解艺术。在木偶游戏中，幼儿接触到传统木偶艺术，并且通过音乐、美术、艺术表演等方式感知美，审美素养得到提升与沉淀，从而成为具有良好艺术素质的幼儿。在木偶游戏中，教师在调动幼儿游戏积极性的同时，还要重视多感官的联动性，让幼儿在眼睛、耳朵、鼻子以及身体的多感官联动下感知艺术，从而有效地培养幼儿的艺术素养。

第一节　木偶音乐对幼儿审美能力的培养

　　音乐欣赏能力主要指的是在倾听音乐时基于音乐作品本身所产生的感悟、品评与理解等诸多复杂性心理活动的能力。幼儿园时期，幼儿对于音乐作品的欣赏能力处于最初阶段，通过对音乐作品的欣赏，可以有效地培养幼儿的感悟力、想象力、理解力与创造力，还可以陶冶性情。幼儿教师在开展音乐欣赏教学时应基于幼儿群体的身心特征，挑选出与幼儿相适应的方法，同时加以必要的讲解与指引，使幼儿循序渐进地感悟音乐的魅力。从当下幼儿的音乐教育情况来看，音乐欣赏教育整体处于缺位状态，在实际的教学过程中忽视了对幼儿音乐欣赏及能力的培养。事实上，幼儿对于音乐的一切都处于未知状态，要想让幼儿系统化地形成音乐素养，首先需要做的工作便是提高幼儿音乐欣赏能力。

一、木偶游戏中蕴含丰富的音乐欣赏资源

木偶游戏的方式多种多样，常见的有木偶戏、木偶游戏与木偶表演。多样化的木偶活动中都蕴藏着音乐欣赏资源，将音乐元素与剧情元素构建成一个全新的创作，传达出音乐创作者主观地体验客观世界的内涵。木偶游戏本身凸显出立体化的创作理念，包含着丰富的音乐资源，呈现的是音乐作品原本完整化的结构。在一出木偶游戏中，音乐的布局须确保首尾完整、呼应，内容上包括序曲、间奏、场景音乐与尾声等部分，如此音乐形象才能树立起来。

木偶游戏中的音乐形象一般表现于旋律维度，再经由演唱与演奏等方式充分地展现出音乐所具有的情感性和抒情性等特点，在多维度地刻画人物的性格时，同时挖掘出原本音乐作品中的艺术资源，即音响的听觉艺术与音调的民族性，让幼儿充分地感受到音乐的美感。

1. 木偶游戏形象强调音乐感知

儿童歌曲中，有些歌曲富有情节性，有故事情节，也有游戏环节。但是幼儿在欢乐的游戏氛围下，通常把重点放在游戏环节，而忽视前段的音乐感知与动作表现。比如，韵律活动"小兔和狼"中，幼儿把重点放在"哎，狼来了"，小朋友们全部跑回座位上的部分，而忽视了歌曲前半部分"小小兔子跳呀跳""竖起耳朵仔细听"等用动作来做音乐节拍，忽视了音乐活动中的重点。此时，通过木偶可爱、有趣的形象来强调并引导幼儿跟着歌曲做动作，易于引起幼儿的有意注意与知识经验的积累。

2. 木偶游戏音乐满足欣赏需要

木偶表演是音乐和表演的结合，不论它们是分开还是组合，都是一件完整的精彩的作品。单从音乐来说，每一段音乐都是许许多多人智慧的结晶，需要

经过很多的推敲和磨砺才能得以产生与呈现到观众的面前，完全可以满足幼儿教育的需要。因此，在开展幼儿音乐欣赏时，并不一定要拘泥于教材、演唱与演奏等，选材范围、形式等可以运用木偶游戏的音乐，这样能够拓展幼儿欣赏音乐的视域。当木偶的身体动作和音乐结合起来后，会十分形象生动。伴随着音乐，每一个动作都需要跟随着音乐的节奏而摆动。当小朋友做的时候就会更加注意到音乐节奏的变化程度和变化节点，比如，组织幼儿实地参观木偶游戏演出，感受木偶与音乐结合表现出的节点和节拍；将木偶音乐带到课堂中来，让幼儿欣赏教材中接触不到的传统音乐，感受木偶音乐的故事情节与段落大意；结合"木偶艺术节"，教师和幼儿自编自演木偶游戏，让幼儿在充分的感知与欣赏中，跟着音乐大胆、创造性地舞动和表现。

二、木偶游戏中幼儿音乐欣赏能力的提高路径

对于幼儿阶段而言，木偶是他们喜闻乐见的一种事物。欣赏实际上主要是思维性活动。因此，在欣赏优秀的幼儿音乐时，采用木偶的教育方式，可以潜移默化地让幼儿认识、喜爱音乐，并逐步培养提高幼儿欣赏音乐的能力。

1. 充分激发幼儿对木偶游戏的兴趣

兴趣是最好的老师，这对幼儿群体来说更为明显。在兴趣的驱使下，幼儿的注意力会被木偶游戏这一形式深深吸引，从而成为他们学习欣赏音乐的重要诱因与动力。

组织幼儿观赏木偶游戏有关音乐作品方面的演出，木偶游戏的演出须既生动形象又有趣，同时应有一定的教育意义；有计划地带领幼儿到木偶戏剧团实地参观，目的在于引导幼儿观察并了解有关制作的工场环境及其情况；观赏木偶戏剧团的叔叔阿姨们如何制作各类木偶的流程及其相关的造型道具等；在班上安置"木偶角"，业余时间激发幼儿根据自己的兴趣爱好随意性地摆弄喜欢的木偶；幼儿教师让幼儿根据音乐作品自编自演相应的木偶游戏，同时可提供素材让幼儿参与有关制作木偶的流程，从而激发幼儿表演木偶的积极性，关注并喜爱木偶。

2. 强化木偶表演的专业化水平

木偶游戏是一种载体，也是音乐欣赏的一个重要媒介工具，是音乐欣赏教

学的有机组成部分，应加强木偶表演的专业性，尽量还原或再现音乐本身的场景，让幼儿感同身受，实现音乐欣赏教学的目标。

首先，表演木偶方面的轴心问题在于创造力，教师须思考如何有效地将古老的传统木偶引入幼儿的课堂教学中。其次，教师在运用木偶游戏展开教学时，需要同步地唤起幼儿的创造性，并使得这种创造性发挥到极致，目的在于激发幼儿喜欢观看并欣赏木偶的表演。幼儿在开展木偶表演时不再只是简单粗糙的游戏式态度，还注意木偶表演中须表现出音乐作品中可能存在的若干比较有趣的情节，根据自己的想象力进行自编自演，有一定的创造性与新颖性，在木偶表演过程中为既能够感到音乐欣赏的乐趣又能够学到知识技能而满足。

3. 发挥教师的点拨引导作用

幼儿还处于非常稚嫩的阶段，不可忽视教师的点拨引导作用，在幼儿无法理解甚至误解音乐中的人物形象时，教师应该及时加以点拨，让幼儿准确地理解音乐作品的主体思想及其人物角色。当然，教师还可以扮演和幼儿共同表演木偶的参与者角色，在实际的木偶表演过程中，既可以体会到和幼儿共同表演时他们这个年龄段所具有的独特乐趣，同时也能够在相互对戏的过程中提升他们的表演水平，还能在围绕教师主导地位上更好地通过木偶表演来更为深入地了解音乐作品的内涵。

三、木偶游戏的音乐艺术素养培养价值

木偶艺术是化州乃至全国的艺术瑰宝，木偶的形象生动、憨态可掬，集教育功能于一身，是不可多得的优秀本土教育资源。它能够让幼儿在操作中感知音乐、理解音乐、表现音乐，培养幼儿的感悟、理解、想象与创造能力，体现幼儿音乐艺术培养价值。

1. 提高幼儿的艺术审美能力

木偶游戏可以提高幼儿的审美能力，通过寓教于乐的木偶游戏活动，让幼儿提高听、说、唱、做、画与演等方面的技能，并激发幼儿热爱木偶艺术，感知木偶的意境美与形式美等能力，进而提高对原来的音乐作品的欣赏水平。

2. 木偶道具激发幼儿艺术求知欲

木偶道具本身具有鲜明的形象性，幼儿注意力并不是很集中，用提线木偶

当作道具，就显得生动而又形象。联系相关的音乐教学来看，由于教学对象主要是中班的幼儿群体，通过他们切身的体验、感悟、操作与表演等流程，充分展现出木偶在音乐教学中的作用，即在木偶的作用下，淋漓尽致地展现出音乐教学的独特艺术性价值，在开阔幼儿视野的同时，可以激发幼儿对音乐甚至所包括的更为丰富知识的求知欲。

四、优化与拓展木偶资源进行音乐教育的途径

1. 木偶游戏音乐简单化

我们通常将木偶游戏音乐当作音乐欣赏的资源，还可以拓展木偶戏剧音乐的外延，将木偶戏剧简单化、游戏化，融会贯通在幼儿日常教育活动或游戏活动中。如裁剪成小游戏音乐的形式，运用到区域活动中，让孩子可以跟着音乐进行模仿、表演、游戏。这样孩子们处于木偶戏的戏曲氛围之中，可以慢慢地被熏陶和渲染。

2. 延伸音乐教育外延

开展"木偶艺术节"，在木偶艺术节里，经常有教师、幼儿自编自演的木偶游戏、亲子木偶游戏等进行展演，将经典的形象、剧目、音乐通过木偶传递给孩子们。生动的语言配上动听的音乐，俨然一场听觉盛宴。孩子们在欣赏、聆听的过程中感受到音乐的情节、起伏、段落，是在课堂中所无法接触到的。木偶游戏展演前期，孩子们参与音乐的录音、制作，更加强了他们对音乐的感知与欣赏。

3. 融合社区木偶艺术资源

充分挖掘与运用社区物质、文化资源，并将其运用到课堂教育中，满足幼儿获取知识的需求。幼儿园与本地木偶戏团取得联系，并组织孩子们外出到木偶戏团观看精彩的木偶戏演出。不少趣味性的木偶戏，其音乐节奏紧凑有力、富有情节，是幼儿喜闻乐见的木偶戏剧目。通过欣赏，孩子们感受到了传统音乐与儿歌、动画片歌曲不一样的表现形式和听觉冲击，增加了对音乐的理解。

第二节　木偶游戏对幼儿审美能力的培养

在木偶游戏中，作为主角的木偶是一直存在于观众与表演者之间的重要联系。木偶表演艺术的传达，也是借助于木偶的表演，再加上表演者辅以演唱等。对于木偶游戏来说，其主要受众群便是儿童。新时代背景下，木偶表演艺术既需要继承传统，又需要实现创新，这便需要创作者能够对木偶游戏的受众群特征有一个很好的掌握与了解。

一、木偶表演艺术与儿童审美心理

（一）木偶表演艺术

作为一种独特的戏剧形式，木偶戏通常是以演唱操纵木偶来进行故事情节表演的。木偶戏是一项十分复杂的系统工程，它具有深层次、全方位以及系列化的特点，它的生命与中心就是表演艺术。木偶戏表演属于具有理性认知的软系统，同时又是具有智力支持系统以及提供动力的系统。能够在实际的艺术实践中将木偶戏的表演工作做好，首先需要能够在理性认知的基础上对木偶表演艺术的意义有一个深刻的领悟。缺乏表演艺术的木偶戏并不是真正意义上的木偶戏，表演艺术才是真正支撑木偶戏的存在，同时它也决定着木偶戏的艺术水准与艺术风格。对于这一点，应该要有十分明确的认知。

与软系统相对应的就是硬系统了，对于木偶表演艺术而言，硬系统指的就是主体与实体系统。通常情况下，木偶表演艺术的主要内容被分为两个大的方面，其一是操纵，其二是演唱。操纵亦即表演本身，同时还需要呈现出多样性亦即高难性才可，主要包含杖头木偶、提线木偶、布袋木偶、铁枝木偶等类别。演唱则是指在木偶戏当中的演唱表演，大多数情况下都是用戏曲曲调演唱，对话或者歌舞形式相对比较少见。

木偶表演艺术需要遵循三个原则：艺术创造、艺术创新和艺术创意。艺术创造指的是把剧本的思想内容和要素都能够与艺术形式的要素通过创造性的方式在舞台上呈现出来。这便需要能够将戏里的人物感情充分表达，使观众引起共鸣，才能够算是达到了艺术创造的表演效果。艺术创新指的是木偶表演艺术在继承传统的同时要不停地创新，木偶的形体设计与制作、操纵与演唱等方面都进行全面创新。艺术创意是指木偶表演艺术的亮点与看点，也包括支点与力点，还应包含特色，无论是民族特色还是地域特色均可，从而形成中国的作风与气派。

（二）木偶表演与儿童审美心理的关系

由于木偶表演的可玩耍与可操纵性十分符合儿童的心理需求和生理特征，因此木偶表演艺术的基本观众群便是基数很大的儿童。可以发现，木偶表演艺术与儿童审美心理存在着对应关系。木偶带着玩具属性，儿童对玩具本身就存在着游戏的生理与心理需求，这其中便存在着对应关系。木偶进行表演的时候是被操作的，这种操纵下所表现出来的动作形体和儿童的动作形态实际上是十分相似的，所以儿童容易对木偶产生亲近感；木偶表演具有故事性，儿童对于故事通常都是热爱的，并且乐于模仿，这种心理特点与木偶表演艺术是契合的。如此，木偶表演必然是受到儿童喜爱的，这其中存在着需求以及被需求的关系，即使是在木偶艺术表演的发展创新里也起着不可小觑的作用。不过，对于不同年龄层的孩子来说，也存在着一定的差别。如果想要让不同年龄层的孩子都能对木偶艺术表演有更好的享受，就需要对不同年龄层的孩子的生理特征与心理特点进行特别的研究。

二、木偶表演艺术与儿童审美心理的对应

（一）低龄幼儿

低龄幼儿对于外界的事物在认知方面还是被直觉占据主动地位，他们的审美活动的主要特点是以游戏为主的娱乐方式。对于他们来说，游戏当中的动物玩具是存在着非常大的吸引力和诱惑力的。这便意味着对于这个年龄层的儿童来说，动物玩具就是他们审美活动的主要对象之一。这些拥有各自形象特征的玩具，是他们直觉神经的刺激，能够让他们得到心理上或者精神上的满足。只是与此同时，对于这个年龄层的儿童来说，注意力普遍不够集中是一个常见的

现象，很容易被其他新鲜的事物带走注意力。

面对这个年龄层的心理与生理特征，木偶表演艺术在进行创作的时候，可以考虑将具有动物形象特征的玩具作为表演中的角色，根据不同的形象要适合不同人物属性的好与坏，并且构思出来的故事应该简洁，易于理解。在涉及操纵角色时的外部动作的夸张表演以及人物的语言上可以进行生动的处理，这样会更容易把孩子的注意力吸引过来，让孩子对木偶以及木偶表演产生更多的喜爱，于是便能形成儿童与木偶之间的对应关系。具有夸张表演的角色和不断变化的舞台画面，毫无疑问能够对这个年龄层的儿童持续造成感官上的刺激，让他们变得兴奋，从而产生手舞足蹈那样的愉悦和想要欢呼呐喊的激动感受。

（二）大龄幼儿

大龄幼儿已经能够把学习作为一个主要的活动方式了，正因为如此，对于这个年龄层的儿童来说，与本能的意识阶段不同，拥有了自我意识的儿童的审美情趣已然发生了变化，他们会关注木偶戏中的人物命运的问题，会开始评论真善美的问题。甚至，他们会将这些心理体现在对偶像的崇拜等方面，还可能会主动去模仿这些喜爱的人物或角色的行为举止。正因为如此，面对这个年龄层的儿童的生理与心理特征，在木偶戏当中被操纵的人物角色在进行塑造的时候，便应该有一个准确的把握。在进行创作的时候，需要根据这个年龄层的儿童会有意识进行模仿这一审美心理的特点，努力塑造出来的人物形象应该是这个年龄层的孩子容易理解的，并且是容易进行模仿的，以及能够让他们产生求知欲望的。同时，还可以根据对这些木偶戏当中的人物的塑造，配上具有情趣且充满智慧的故事情节，再将画面处理好，对于这个年龄层的儿童来说，便能够感受到充足的（无论是生理还是心理上的）审美享受。而且，对于这个年龄层的儿童来说，这样的木偶艺术表演还能够让他们学习到新的知识，获得新的灵感，更能够让木偶艺术表演成为他们成长中的一部分。

三、木偶游戏中幼儿审美素质提升路径

幼儿园艺术教育的新取向是：为幼儿提供自由表现的机会，鼓励其大胆地想象，运用不同的艺术形式表达自己的感受和体验。结合幼儿园的木偶游戏特色，课程开展中，我们引导幼儿去感受木偶之美、欣赏木偶之美、创造木偶

之美，让幼儿在生活中去感受家乡木偶的美。木偶艺术能为孩子带来欣赏能力和评判能力，为他们提供感受美和创造美的机会，让他们有了解情感世界、相互欣赏合作、展开全面思考的能力。将木偶艺术应用于教育互动中，用一句话概括就是"将戏院带到幼儿园、带到家庭中"，让幼儿在木偶的互动过程中感受、体验、创造自己的艺术表现形式。

（一）感受木偶名剧，引导幼儿感受美

1. 欣赏家乡木偶名剧，感受木偶之美

充分利用化州一些传统经典优秀木偶戏，如《高文举珍珠记》，组织幼儿欣赏和理解，引导幼儿学会从木偶剧的音乐、道具、舞台、动作、服饰上进行欣赏，同时引导幼儿欣赏不同风格的木偶戏如《杨家将》在音乐上的区别、不同人物动作的揣摩、服饰特点上的对比等，提升幼儿的审美能力。通过这一系列欣赏活动，让幼儿感受木偶的形态美、结构美等，并且通过感受、鉴赏、创造的不同方式，培养幼儿正确的审美观点、高尚的审美情操，使其得到精神上的满足与愉悦。让幼儿通过对木偶戏的内容欣赏，感受到真、善、美的熏陶和感染，从而潜移默化地引起幼儿的思想情感等深刻变化。

2. 利用区域活动提供欣赏素材，提升幼儿审美能力

艺术教育就是通过艺术美来进行的审美教育，艺术教育的核心内容是审美教育。所以，我们通过幼儿和教师共同收集相关木偶资料的形式，布置班级的美工区，定期更换木偶相关的主题，提供包括木偶艺术大师的木偶头雕刻作品、亲子自制木偶作品、各种木偶服饰作品等，为幼儿提供大量的欣赏内容。在木偶表演区中，利用教室里的电子设备，让孩子们倾听木偶表演音乐、多种多样的打击乐器等，在欣赏的同时激发孩子们的创作欲望。同时还可以将美工区与表演区相结合的形式，让木偶表演区有需求的孩子可以到美工区去制作木偶服饰，让美工区的孩子为木偶表演区的幼儿制作木偶作品等。

（二）开展精彩的木偶艺术活动，激发幼儿表现美

1. 合理安排木偶课程内容

戏偶创客活动在幼儿园教育中有着广阔及多元的活动方式与空间，从专业木偶戏表演的欣赏活动到幼儿把木偶当成自己日常生活中的伙伴，戏偶活动是幼儿学习以及成长的良好伙伴，幼儿借助戏偶创客活动把他们所读、所说、

所体验或者幻想的艺术形式表达出来。所以在班级课程的安排上，我们把木偶的感知、欣赏、体验纳入领域课程活动中。结合中班幼儿的审美特点，对戏偶创客活动的开展给予阶段性和针对性的指导。有长计划和短安排，如每一阶段重点让幼儿欣赏什么类型的木偶，而后结合木偶游戏让幼儿在欣赏木偶造型的基础上进一步欣赏木偶游戏的布景和道具。结合中班幼儿的发展目标和年龄特点，在每个半日活动中渗透班级特色内容，如在半日活动中，利用自由活动、区域活动等时间，保证每个幼儿每周至少有一次与教师进行交流的机会，这样不仅能够正确处理好并指导点与面的结合，同时能够保证幼儿欣赏、表达的机会，使戏偶创客活动能够有阶段、有计划地开展。

2. 在各领域活动中有机渗透

每个儿童都有创造的潜力，在幼儿发展的过程中，从幼儿刚开始的对木偶的陌生到后来的熟悉，再用自己喜欢的方式表现出来，这些表现都是幼儿在戏偶创客活动中得到的提升和发展。

幼儿园的教育任务和要求是通过游戏、观察、娱乐、劳作与日常生活等活动来完成的。戏偶创客活动同样可以渗透到不同活动领域中，达到发展幼儿想象力、创造力和艺术表现能力的目的。戏偶活动的开展，可以让幼儿掌握制作木偶的基本知识和技能，让幼儿运用已有的绘画、美工等方法制作角色形象、练习运用材料进行装饰，启发幼儿使用各种材料制作一些必要的道具。在美工区，教师可有意识地提供不同的物质材料，让幼儿根据自己的喜爱和想象自由制作木偶，自由表演，内容丰富。

戏偶从主题的产生到角色的选择，反映了幼儿对实际生活的认识，反映了他们的兴趣和意愿。游戏发挥了幼儿的主动性、积极性和创造性，幼儿在创作的过程中，既是在感受木偶，又是在与木偶游戏，同时还是学习和劳作的过程。无论是形式上还是内容上，戏偶活动都能够与一日活动内容紧密联系。

在戏偶创客活动中，教师不仅要做到适时引导，更要认真聆听。幼儿对木偶的感受和理解不同于成人，他们表达自我认识和情感的方式也有别于成人。幼儿艺术领域学习的关键在于充分创造条件和机会，教师可以萌发幼儿对美的感受和体验，丰富其想象力和创造力，引导其学会用心灵去感受美和发现美，用自己的方式去表现美和创造美。通过让幼儿感知木偶的各种艺术元素，发展与提高幼儿感知美和创造美的能力，最大限度地发挥戏偶创客活动对幼儿审美教育的作用，使木偶艺术服务于幼儿的审美教育。

（三）亲子戏偶创客活动创造美

1. 亲子戏偶活动提高幼儿创造的能力

幼儿表现美的能力，需要在成人的支持和帮助下才能得到更大的提升与进步。因此，在戏偶创客活动的开展中，我们也要引导家长积极参与课程活动的建构。如我们根据中班幼儿的年龄特点，与家长共同商量和创编出木偶表演剧《爱音乐的马可》。家长在这一活动中，一起参与了剧本的创作、背景音乐的创作、木偶角色的对话录音等。刚开始，家长和幼儿都不理解整个木偶游戏的中心内容。我们通过逐段的木偶游戏内容循环播放，到每个木偶角色的对话内容的衔接，再到背景音乐对木偶游戏起到的暗示作用等，一步一步地引导幼儿和家长从理解、感受到表演，从对木偶游戏的陌生到对木偶游戏娴熟地表演和配合，都是对木偶艺术活动和艺术价值的体现。

2. 发挥社区资源的作用，感受木偶艺术魅力

充分发挥家庭假日小组的作用，组织幼儿和家长走进木偶戏院欣赏木偶戏，欣赏各种木偶角色，感受木偶戏艺术文化。木偶戏院中的木偶均由资深工艺师手工精制而成，木偶头樟木雕刻饰以彩绘，盔帽采用传统漆线雕工艺制作，戏服以手工精细刺绣而成。每件木偶都是雕刻艺术、刺绣艺术、绘画艺术的完美结合。我们通过讲解、观察、欣赏、比较等，引导家长和幼儿欣赏木偶雕刻艺术的美，初步了解木偶头雕刻所用的材料、工艺等，从而使家长和幼儿对化州的木偶雕刻艺术初步产生兴趣，在共同欣赏的过程中，不仅深深地感受到了亲子间亲密的互动，体验到了亲子共赏木偶的乐趣，更是通过这样的戏偶活动，了解感受家乡木偶的造型美感、舞台美感等，进一步让幼儿和木偶之间产生情感，融为一体。艺术表现活动是人类感受美、表现美和创造美的重要形式，也是表达自己对周围世界的认识和情绪态度的独特方式。我们不仅要给幼儿提供多方面内容的欣赏，更要关注幼儿欣赏后的想法，鼓励幼儿用自己的方式表达出来，而且，对于这种表达我们要给予充分的尊重。"以我观物，物皆着我之色。"让幼儿在戏偶创客活动中欣赏被赋予了自己情感的木偶，去体验表现创造所带来的愉悦感——这对幼儿来说就是最好的生活体验。

第三节 木偶游戏对幼儿综合素养的培养

木偶艺术是中国艺苑中的瑰宝。木偶戏是由演员在幕后操纵，用木偶表演的戏剧形式，演员不用自己的身体表演，而是借助木偶的动作代替木偶说话进行表演。这一表演形式比较适合具有戏剧天性的幼儿，满足幼儿摆弄小木偶的兴趣，又能发展幼儿的语言、想象、创造、表现等各种能力。为了传承这一民间艺术，运用各种木偶为道具，将民间木偶艺术融入幼儿园教育活动之中，努力寻求适合孩子的木偶表演形式，开展丰富多彩的木偶戏剧活动，促进其艺术素养的形成与发展。

一、引导幼儿一起创造制作木偶表演道具

木偶工作坊是比较灵活的活动游戏区，活动内容丰富，材料多样，为幼儿自主游戏提供了良好的环境。幼儿可随意选择各种各样的木偶成品（指偶、布袋偶、提线偶等）与半成品、服饰以及其他表演材料，自由探索不同类型的木偶操作方法。自由的空间、自主的游戏，让每位幼儿都能获得更加直观的体验，激发幼儿对小木偶的兴趣和表演木偶戏的愿望。在自发的木偶戏剧游戏中，幼儿乐在其中，有的争当服务员，帮顾客端茶送水；有的帮着拉幕布；有的帮着说台词；还有的做安静的观众。幼儿进入自发的表演游戏中，不断变换角色，共同享受愉悦。

在幼儿制作木偶道具的过程中，他们将学会欣赏不同木偶道具的艺术特点，并且尝试用艺术的手段将其展现出来，从而推动艺术素养发展。

（一）对传统道具的简化

木偶种类繁多，常见的有布袋木偶、提线木偶、杖头木偶、铁枝木偶等。传统的木偶一般由成人把玩，幼儿操作有一定的难度，根据幼儿的年龄特点，对传统木偶进行简化制作。传统的提线木偶控制线多，幼儿很难把控，减少控

制点和控制线，变得简单易玩，如提线木偶小鱼、小狗的制作，让小鱼的尾巴、小狗的脚能动起来，可以更加适应幼儿的制作水平和操控能力，使之成为幼儿的玩伴。

杖头木偶以木杆连接木偶的手足部位，制作略显复杂。我们对杖头木偶进行改制，用适合幼儿把玩、长短适中的粗吸管或塑料水管作为操作杆，以幼儿绘制的动物形象作为主体形象，用铅丝或夹子连接。这样的材料和制作方式不仅能让幼儿直接参与制作，加强幼儿的活动参与度，同时制作出的木偶轻便，便于幼儿操作。

（二）衍生新的偶种

借鉴传统偶的制作衍生出一些新的偶种——玩偶，收集随处可见的废旧材料，各种杯子（塑料杯、纸杯）、各种罐（牛奶罐、薯片罐、饮料罐等）、各种饮料瓶（可乐瓶、矿泉水瓶、果汁瓶）、袜子、信封、纸袋、无纺布袋、吸管、手套等，运用画一画、剪一剪、贴一贴等方式制作成形态各异的指偶、棒偶、袋偶等，深受幼儿喜爱。如棒偶，把角色形象固定在长达40厘米的塑料小棒上，如小蝌蚪、小老鼠，用黑色或灰色绒布制成蝌蚪和小老鼠形象，固定在塑料小棒的顶部，幼儿手持小棒，轻轻一甩，小蝌蚪、小老鼠的尾巴就一晃一晃的，活灵活现，很是可爱，谁看了都想玩一把，孩子更是喜不胜收，争着表演。

二、合理组织丰富多彩的木偶游戏活动

（一）戏剧游戏

幼儿园班级的区角是比较灵活的活动形式，活动内容丰富，材料多样，为幼儿自主游戏提供了良好的环境。设立木偶制作区，陈列各种各样的木偶成品（指偶、布袋偶、提线偶等）与半成品、服饰以及其他表演材料。幼儿可任意选择，自由探索不同类型的木偶操作方法，提线木偶好玩，但真正让它动起来有点难，有的幼儿一有空就去玩，兴致勃勃。让每个幼儿有更加直观的体验，激发幼儿对小木偶的兴趣，激起表演木偶戏的愿望。

搭建舞台，每班设置小舞台，每个年级组有一个大剧场，幼儿身边的每一个地方都成为一个小小的"舞台"，幼儿去制作区选择、制作较熟悉的故事

中的角色道具（木偶），并进行自主表演，根据自己的喜好选择表演内容和角色。教师以观众的身份观察孩子，聆听孩子的对话，为他们鼓掌，在他们需要的时候才给予必要的支持与建议，每一个孩子都能成为自己心目中的小小"演员"。

（二）戏剧主题活动

1. 戏剧活动的主题来源

艺术作品、自然现象、社会现象，艺术作品是戏剧活动主题的主要来源。如戏剧主题活动"小鸭的故事""初三老鼠娶新娘"都是由故事改编而成的。由自然现象和社会现象引发的主题，都是根据生活中遇到的现象开展创作，如"大树爷爷的生日礼物"就是根据人们乱扔垃圾、乱砍树木等破坏环境这一不良社会现象而进行创作和表演的戏剧主题活动。现代社会玩手机的人很多，家长陪孩子的时间少，根据这一社会现象创作了木偶戏剧主题活动"爱我你就抱抱我"。在这些戏剧主题活动中，幼儿通过戏剧的方式，更真实、轻松地表达自己对自然、社会和生活的认识，从而成为真正意义上的木偶戏剧创作者。根据幼儿的年龄特点和不同的生活经验，主题来源应有所侧重，小班多以文学作品作为主题来源，中、大班可以渐渐地将其他艺术作品、自然现象和社会现象作为主题来源，加重戏剧创作的分量。

2. 主题的选择

仔细观察幼儿在区域玩的情况，把幼儿感兴趣、角色鲜明、具有戏剧冲突情节的内容作为戏剧主题活动。小班幼儿刚离开熟悉的家人来到陌生的环境，他们急于寻找情感的寄托。毛茸茸的布袋木偶，摸上去舒服、柔软，能安慰幼儿的心灵，它的可活动性能立刻抓住幼儿的目光，使幼儿的注意力从"想家"转移到有趣的互动中。幼儿与玩偶之间展开对话，如"你好""你准备去哪儿玩""我过一会儿去骑小车""你想不想去""我想去，带我去吧"等，缓解了幼儿的焦虑情绪。小小的木偶让刚入园的幼儿产生依恋情结，成了幼儿的情感寄托。

3. 戏剧主题活动的组织实施

（1）经验铺垫。戏剧主题确定以后，先进行必要的经验铺垫，有目的、有计划地组织幼儿欣赏、理解艺术作品，如绘本故事是比较适合幼儿的，是大家所喜爱的内容之一，可以通过听故事了解故事的角色、主要情节，再通过一系列提问，引导幼儿感知、理解、想象、体验故事内容，启发幼儿进一步思考，鼓励幼儿多多提问，分析幼儿关注的问题，及时捕捉幼儿的兴趣点。在阅读区投入绘本供幼儿阅读，加深对故事内容的理解与认识；在美工区有意地投放相关内容中的角色道具，让幼儿学说对话，激起对戏剧主题的兴趣。

（2）表达与创作。戏剧表达以塑造角色为主，引导幼儿对角色的典型动作、语言进行充分的探索与表达。如戏剧主题活动"西游记"，主要角色孙悟空、唐僧、猪八戒、沙僧等人物的神态、动作、声音等各具特色，让幼儿对角色进行充分的模仿。戏剧创作可从两方面入手，即新增角色和设计戏剧冲突，如戏剧主题活动"初三老鼠娶新娘"，在原故事情节中进一步创编"老鼠一家亲、比武招亲"等情节，将戏剧活动推向高潮，戏剧活动注重幼儿创造性的发展。

（3）戏剧表演。让幼儿自主选择所要扮演的角色，如果多人争当某一角色，可采用比赛的方式来决定谁来演这个角色。剧本排练时，一定要避免机械化的训练，我们要尊重幼儿个性化的表现。戏剧在幼儿园植根开花虽然艰难，但是只要我们保护、顺从幼儿的戏剧天性，相信在探索途中定会收获越来越多的惊喜，戏剧之花会越开越旺。

第八章

木偶戏推动幼儿科学观念发展

　　未来的世界是科学的世界，科学素养需要从幼儿时期开始培养，科学是幼儿教育五大领域之一。幼儿大多数对新鲜事物保持着好奇心，求知欲望较为旺盛，在幼儿科学领域教学中，正是能够有效满足幼儿好奇心的课程。但是科学领域的教学内容大多理论性较强，生涩的知识点可能使孩子难以理解，若是教师能够充分利用游戏这样对孩子具有天然吸引力的事物，在幼儿教学中渗透游戏教学法，科学领域的教学必然事半功倍。幼儿教育基本上以3～6岁幼儿为主要对象，处于这一年龄阶段的孩子，年纪较小，大部分孩子性格活泼好动，对外界事物充满好奇心。幼儿教学最主要的目的就是要充分调动幼儿的学习兴趣。幼儿教师应更有效地把游戏教学法融入科学教学中去，帮助幼儿提高科学素养，木偶游戏可以促进幼儿科学素养发展。

第一节　游戏教学促进幼儿科学意识与素养的发展

　　在游戏活动的过程中，能够激活幼儿的脑神经皮层，这有助于提高幼儿的判断力、感知力、洞察力、思维能力及注意力。游戏是一个互动的教学方法，通过设计团队互动游戏，能够充分地调动幼儿的智力。当然，游戏的设计要有针对性，体现游戏的价值。将游戏教学应用于幼儿教学活动之中，不仅有助于激发孩子的各项能力，还可以更好地适应素质教学的理念，在游戏教学的应用中促进幼儿智力的提升。

一、游戏教学在幼儿园科学领域的策略

游戏活动可以有效提升教学的趣味性，将游戏活动融入幼儿园教学中，是提升幼儿学习兴趣、增强幼儿教学有效性的重要途径。游戏是幼儿自主的活动现象，通过开展游戏活动能够有效观察儿童的内心思想，并通过观察对他们进行更加合理的教育，对幼儿的发展和身心素质的培养具有重要意义。在幼儿园教育科学领域渗透游戏教学，将教学和游戏合理地结合，教师可以将必要的知识技能以游戏活动的形式表现出来，并组织幼儿积极参与，让幼儿在游戏中学习，在学习中快乐。从某种意义上来说，虽然游戏和教育是相互矛盾的两个方面，但在实际的教学活动开展中，游戏与教育结合后，二者便具有了同样的目标，既有效地达到了教学目标，也助益于孩子的身心健康发展，这也是幼儿园游戏化教学的现实意义。从逻辑方面来讲，想要让幼儿了解现代科学知识有一点难度，但是通过木偶游戏来宣传科学知识，则可以让幼儿很好地了解与接受。在游戏过程中，幼儿感受科技的魅力，甚至激活他们的科学想象力，从而形成初步的科学意识与观念。

1. 注重游戏化教学环境的创设

在幼儿教学采用游戏教学法的过程中，创设一个良好的游戏化教学环境，是开展游戏化教学的基础环节。让孩子感受到良好的游戏教学氛围，让他们切身体会到在幼儿园的学习过程就是在玩游戏。通过这样的方式，可以提高幼儿学习的兴趣，激发他们对新知识学习的热情。

通过带领孩子玩游戏的方式，将一些课标要求的知识技能传授给幼儿，让孩子在游戏中潜移默化地掌握知识技能，不仅让孩子快乐地学习，孩子通过这样的方式学到的知识在脑海中的印象也会更加深刻。比如在幼儿园科学知识教学中，为了让孩子理解气泡水原理，可以采用木偶游戏的方式，操作着一个实验样式的小木偶，用泡腾片带领孩子做一次奇妙的"火山爆发"游戏。具体做法是让孩子用橡皮泥捏出火山的形状，在这个"小火山"镂空的地方装上泡腾

片粉末，让孩子往洞口倒水，再进行观察。当"火山口"喷出气泡水，孩子通常会既激动又兴奋，让他们操控着自己的小木偶或者逃跑，或者飞起来去观察等，这时候教师便可以将其中的原理娓娓道来，从而加深孩子对这一科学知识的印象。

2. 增强幼儿在幼儿园教学中的主体性

新时期教育教学倡导重视教学中幼儿的主体性，在幼儿的游戏化教学中，我们同样也要遵循这一原则。教学开展的本质在于幼儿的认知和学习，幼儿是课堂教学的主体。因此，在幼儿园的游戏化教学中，要保证幼儿在教学中的主体地位。

教师在实际的教学活动开展过程中，合理融入游戏元素能够有效地提高幼儿学习的积极性。同时，在这一过程中要求教师要对幼儿的表现做出"合理"的判断和评价。例如，我们在教学中常用到的"猜图教学游戏"。图形与所对应的事物往往不是固定的、具体的，所以教师要充分尊重幼儿想象力的发挥，不能死板地设置标准答案，而是对幼儿五花八门的答案都合理地给予肯定，并能够结合幼儿的答案进行对应的评述，让教学和游戏有效地进行结合，同时加上教师的鼓励与肯定，这不仅有力保证了幼儿在教学中的主体性，也有效地树立起幼儿的自信心，这对于幼儿的成长具有十分重要的意义。木偶游戏中，幼儿是玩游戏的主体，因此在设计科学内容主题的木偶游戏时，一定要让幼儿扮演核心角色，让他们通过木偶去探索和了解科学知识。

3. 设计游戏应注意科学性和教育性

幼儿游戏化教学的目的不在游戏，最核心的目的在于教学。因此，在渗透游戏教学法的教学过程中要注重游戏的设计，设计一些具有科学性和教育性质的游戏。通过这些游戏，在达到知识传授目的的同时，还能对幼儿的身心健康有所助益。

在设计游戏的过程中，教师需要考虑到多方面的因素，有的幼儿园在游戏化教学的时候没有对游戏进行合理筛选，有的游戏甚至含有一些不健康的因素，这对幼儿的身心健康以及全面发展是非常不利的。设计的游戏不能含有任何暴力因素，也不能一味地追求竞争性。设计的游戏要能够有效锻炼幼儿某些方面的能力，同时能够促进幼儿的身心健康发展。通过这些游戏，能够增强幼儿团结友爱、互帮互助的美好品质，同时能够对孩子今后的人生道路产生较大的启发性。因此，在幼儿教学游戏创新中，我们不能只关注游戏本身，更重要的是在于教，只有游戏真正助益于孩子身心的全面发展，达到教育的目的，游戏化教学才真正具有现实意义。

现代科学特色的游戏很多，其中不少能够改编成木偶游戏。比如，一些科学知识的动画片，可以将其改编成科学主题的木偶游戏，然后幼儿在游戏过程中就会了解科学知识，接受初步的科学教育。比如航天飞机，就可以设计一个航天博士角色，一个航天飞船角色，还有外太空的星星，发射人员等角色，每个角色都是一个小木偶，让博士（木偶）指挥其余的小木偶，按照科学步骤发射航天飞船，他们就会真正感受到科学的魅力与趣味性。

二、游戏教学在幼儿园科学领域的方法

《3—6岁儿童学习与发展指南》中指出，幼儿科学学习的核心是激发探究兴趣，体验探究过程，发展初步的探究能力。也就是说，科学教学要以幼儿探究为主，引导他们去接触和学习新鲜事物，主动思考、发现问题。在幼儿阶段，正是培养孩子科学素养的重要阶段，通过挖掘幼儿潜能，促进幼儿的全面发展。而游戏又是符合幼儿天性的教学方式，它能帮助幼儿学会表达情感、学会学习知识。科学和游戏看起来是相互冲突的两个方面，但其实践性和对幼儿的指导性却能使两者很好地融合。在幼儿教育中，应该将科学和游戏"完美"融合，既发展感性思维，丰富情感，又要提高逻辑思维能力和科学素养。

1. 创设环境，将科学和游戏相互融合

兴趣是最好的老师。因此，教学中教师必须利用适当的环境激发幼儿的科学兴趣。所以，我们应该为幼儿创设一个轻松开放的科学环境，挖掘幼儿的科学兴趣，并通过幼儿的观察、思考、推理、判断，培养幼儿发现科学问题以及解决科学问题的能力。[①]比如，幼儿们在草地上发现一群蚂蚁，在背着食物有秩序地爬行，有的孩子就质疑了："小蚂蚁们在做什么，在练队形吗？可是为

① 张敏芳.幼儿科学探索兴趣的激发策略［J］.小学科学（教师版），2014（8）：21.

什么要背着食物呢？"有的孩子很聪明，说："我知道，蚂蚁们一定在搬家，可是蚂蚁们为什么要搬家呢？"此时，对于幼儿的疑惑，如果教师用讲述的方式给幼儿讲解蚂蚁搬家的原因，相信对他们没有什么用处，同时也不会产生太大的兴趣。于是老师用游戏的方式使幼儿明白蚂蚁搬家是大自然降雨前的一种征兆。老师将一只小蚂蚁带到教室，在玻璃箱一端放置一堆沙土，然后将蚂蚁放在无沙土的一端。让幼儿观察蚂蚁的活动情况，引导幼儿说出蚂蚁是满箱乱跑的状态。接下来向无沙的一端加水，让幼儿观察蚂蚁的活动，显然，幼儿的观察结论是小蚂蚁向沙土堆上跑去。由此进行提问："小朋友们，请你们现在告诉老师，小蚂蚁为什么要搬家？"孩子们欢快地回答："是为了躲避雨水，防止大雨淹没了它们的家。"这样在游戏当中建立科学的观念，提升了探索过程的趣味性，并自己得到结论，会对幼儿日后的学习和应用大有裨益。当然，以上是实体的幼儿科学观察，教师也可以基于同类型的幼儿科学主题，用木偶游戏的方式表现出来，让幼儿在游戏探索过程中了解科学知识。

2. 联系生活，融合科学和游戏

生活是科学和现实的融合，是科学和一切不冲突事物发生作用的场所。在生活中融合科学教学和游戏，能够体现更多的实践指导意义，提高幼儿的观察力和想象力以及科学知识实践能力，将学习变成一件充满乐趣和生活情景的事情。著名生物学家威哥里夫斯在小的时候曾经将一只毛毛虫放进了瓶子里，几天后发现它竟然变成了蝴蝶，当时他以为是毛毛虫会变魔术，随着年龄的增长，他才渐渐懂得了其中的道理。所以，幼儿时期正是一个发现和探索的时期，我们可以不去了解深层原因，但是我们却能够通过观察现象得出某种结论，或许可以直接应用，或许能丰富我们的见闻。大自然是宝库，是活的教材，科学教学资源取自生活，可以实现它与游戏的最大融合，能使两者的教育效果增值。比如要帮助孩子们了解动物和植物，可以带他们去动物园，这就是生活中的科学学习。但是只是观察动物和植物，幼儿内心的求知欲望没有那么强烈，其观察自然不会很仔细。因此可以结合游戏的方式"我和动物交朋友"，让孩子们仔细观察动物，谁能正确说出动物的特征，就说明它已经成为自己的朋友。以这样的形式，使幼儿从生活中获得的不仅仅是科学的探究精神，更是一种观察的习惯，而且还以游戏的方式激发了其探究欲望，让科学学习变得更有动力和实际意义。

幼儿的观察和学习都可以改编成科学题材木偶游戏的内容。以毛毛虫变化为例，当幼儿观察了毛毛虫的变化之后，就可以带领幼儿去制作毛毛虫的木偶模型，然后基于他们的观察编一个木偶游戏，每一个过程展示毛毛虫的特点，包括外貌特点与行动特点，比如在毛毛虫状态时，是一条胖乎乎的、圆圆的棍子一样的大虫子，身上的颜色也是绿色的，动作是一扭一扭的；然而变成了蝴蝶之后，就有了彩色的翅膀，并且动作也变成扇动翅膀。通过此类带有一定科学知识的木偶游戏改编与表演，幼儿就可以很轻松、很愉快地学到一些基本的科学常识，并且对科学知识产生一定的兴趣。

3. 营造小组氛围，游戏中交流科学

科学是进步的，而进步的推理不是来自单个人，而是某个领域，是大家合作得来的成果。科学是合作的进步，这一点应该让幼儿从小明白，培养良好的合作意识，能让他们更快、更好地成长。新纲要指出，要培养幼儿的合作意识，学会交流和共享探索过程及结果。以小组合作的方式，通过游戏媒介建立沟通和交流的时机，让科学探究成为一件共同完成的事情。例如，在教学"会跳舞的娃娃"时，开始由老师演示跳舞的纸片娃娃，孩子们感到非常惊讶。在老师发放材料之后，纷纷开始尝试。将幼儿分为几个小组，需要以游戏比赛的方式，组织"纸片娃娃的舞会"，但是大家用海绵球都没有让它们跳舞。最后老师再做一遍，有的孩子发现老师会在衣服和头发上摩擦海绵球，便悄悄告诉自己的同伴，这个小组很快就取得成功。别的小组会向他们"取经"，使这场游戏变成了科学的交流，收到了更好的教学效果。

三、木偶游戏与科学素养的关系探析

木偶游戏与幼儿科学素养的发展，看似没有多大的关系，但是实际上存在一定的关联和可能性。

1. 木偶游戏为科学兴趣开发提供了一种趣味途径

对幼儿来说，科学探索兴趣的发生不能是单调乏味的讲解，而应该是趣味性的引导。从这个角度来讲，木偶游戏与益智类、科学类的动画节目是有异曲同工之妙的，但木偶游戏幼儿的参与性更强一点。当采用木偶游戏对幼儿的科学素养进行培养的时候，更多的是基于一种幼儿感兴趣的方式来激活其科学兴趣。

2. 科学知识也可以融合到木偶表演中

虽然木偶戏大都是传统文化曲目与民俗文化曲目，但是在木偶戏的制作与表演过程中，孩子可以进行一些与科学相关的探索。如为什么木偶会动，就是一个有趣味的探索问题，该问题难度不大，但是很容易激发幼儿的探索兴趣。还有手的操作与木偶表演动作的配合程度，也是一个值得幼儿去探索的问题，在这个过程中，幼儿的科学探索习惯就会慢慢培养起来。

四、木偶游戏对幼儿园科学领域的渗透

幼儿科学领域与幼儿游戏的结合，既降低了科学学习的枯燥性，又提高了游戏的深层意义，幼儿的思维得到开发，交流能力得到提高，是实践教学方法的典型，应该在幼儿教学中不断完善和提高。

1. 创设游戏化的探究情境

在设计科学探究活动时，教师应注意创设游戏化的探究情境来激发幼儿的探究兴趣，使幼儿积极主动地投入探究活动之中，感受科学的奥秘。比如，在中班科学探究活动"小花伞"中，教师创设了"下雨啦"的木偶游戏情境，通过撒花片制造雨景，并让几个幼儿扮作可爱的"小鸡（木偶）"。看着雨中四处躲避的"小鸡"，幼儿为小鸡做小花伞的欲望就被激发了。他们利用各种废旧材料探究制作小花伞，并边做伞边安慰"小鸡"："小鸡、小鸡别着急，马上就有小花伞啦！"可见，游戏化的探究情境能够激发幼儿的探究兴趣，促进探究活动的成功。

2. 开展游戏化的探究过程

幼儿的注意力、持久性都比较差。教师应开展游戏化的科学探究过程，确保幼儿对科学探究活动保有持久的兴趣。比如，在科学探究活动"有趣的传声筒"中，教师将整个探究过程设计为"大灰狼与小白兔"的木偶游戏。游戏分为两个层次：第一个层次为传声筒内没有塞东西，愉快的游戏氛围使幼儿乐于对着传声筒传递消息，"小白兔"们听到消息后都跑到了安全的地方，没有被"大灰狼"抓到；第二个层次教师为幼儿提供塞了东西的传声筒。"小白兔"

们由于没有听到消息而被"大灰狼"抓到。游戏结束后，教师引导幼儿分析"小白兔"被"大灰狼"抓到的原因，让幼儿感受声音传递的奥秘。

在设计科学探究活动时，教师应注重将幼儿的探究活动过程与游戏结合起来，这既能满足幼儿的游戏需要，又能维持幼儿对科学探究活动的兴趣，从而达到科学探究活动的目标。

第二节　游戏教学促进教师科学教育与教学的发展

幼儿期是个十分重要的时期，它是科学素养教育的启蒙起始阶段。幼儿科学素养的形成需要一个过程，作为幼儿教师应该提供一个支持幼儿主动发现的环境，促进幼儿提升解决基本问题的技能。因此，在幼儿中开展幼儿科学素养培养和发展是非常必要与迫切的。

我们幼儿园从幼儿实际出发，开展了一系列丰富多彩的科技活动，来培养幼儿的科学素养，让每一个孩子都感受到科技带来的好处，"享受科技阳光，为学校添绿色"。随着社会的进步、科学的迅速发展和教育的变革，科学已不仅是知识体系与获取知识的过程和方法，而且是一种价值或态度，其内涵包括科学态度、科学过程和方法、科学知识三个基本要素。与之相应，幼儿科学教育已不等同于以往的常识教育。在幼儿科学教育中，教师除了应具备一般的能力素养外，还必须具备以下能力素养。

一、具有丰富的基础科学知识和经验

要给幼儿能量，就必须不断充实自身的能量。幼儿科学教育对教师的要求更是如此。幼儿科学教育内容极其丰富和复杂，它广泛存在于自然界和社会各个领域，日常偶发的科学现象时时可见，幼儿感兴趣的、想了解的、能感知的而又没有危险的事物和现象都可以作为科学教育内容，教师应引导幼儿去认识、接触和探索；而且幼儿思维的具体形象性又决定了他们难以理解和发现事物间隐蔽的、间接的关系。因此，在对幼儿进行科学教育时，教师应引导幼儿描述发现的过程，使幼儿明确意识到事物间的关系；应创造条件，使事物间不明显的关系直观化；应提供类似的知识经验，使幼儿注意到事物间的不同关系。这些都必须要以广博的科学知识为基础。因而，教师一定要拓宽知识面，具有大量的知识储备，才能使自己的知识结构具有较强的适应性。

同时，教师的科学经验也直接影响着科学教育内容的选择，影响着科学教育活动材料的准备，影响着对科学活动过程的指导，影响着幼儿好奇心的发展和对科学探索的兴趣。因而，教师还必须具有丰富的科学经验。尤其是幼儿教师要想基于木偶游戏展开科学知识教学，不仅要有科学知识，还要懂得将科学知识用合适的木偶表演艺术展示出来。

二、具有适合现代幼儿科学教育的意识

幼儿科学教育应是启发、支持和引导幼儿主动探究与发现，获得有关周围物质世界及其关系的教育，使幼儿获得有利于终身持续发展的乐学、会学的过程，这就对幼儿教师的素质提出了新的要求和挑战。

1. 具有未来意识

联合国教科文组织曾提出：21世纪最成功的劳动者是全面发展的人，是对新思想和新机遇最开放的人。现代科学技术日新月异，呈加速发展的趋势，出现了大分化、大综合的局面。未来社会所需的是开创型和通用型人才，博才取胜已成为人才成长的一条规律。幼儿教师是为未来社会培养人的，对幼儿进行科学教育就要具有未来意识，即既要立足于当前的幼教改革，具有适应能力，又要放眼于未来发展，具有预见能力。

2. 具有现代科学意识

科学意识是一种社会意识，是人们对科学及其社会作用的看法，反映人们对科学及其社会作用的态度，是科学素养的重要表现形式。它包含科学的世界观及在社会生产和生活中有理解与应用科学的意识等内容。教师只有具有现代科学意识，才能树立现代的儿童观，培养幼儿的科学意识及兴趣；否则，将会出现落后教师培养落伍儿童的现象，我们的教育也将落后于社会，不符合时代发展的需要。

3. 具有创新意识

随着社会和科学技术的日益发展，创新精神与创新能力已成为现代社会生活和学习向每一个人提出的必然要求。在当前教育改革的新形势下，教师要通过科学教育，培养幼儿勤于思考、勇于探索、敢于创新的品质，让幼儿感受到创造可以使同样的东西具有更大的价值，从而让他们乐于探索、乐于创造。教师要正确认识、理解幼儿的各种奇异创造行为，要接纳、支持和鼓励幼儿以不寻常的、创造性的方式使用设备、材料，开展新实验和解决新问题，激励、引导幼儿自己去探索发现。为此，教师必须要打破框框，进行探索和创新，努力培养创新意识与能力，敢于求异，这样才能培养出敢想敢做的幼儿。使用木偶游戏方式来推动幼儿科学教育，就是一种以传统方式推动现代科技教育的有效手段，这就是一种创新意识。对幼儿来讲，高深的科学道理未必能听懂，但是带有趣味性的木偶游戏一定很乐意参与，并且愿意在游戏中多问几个为什么。当幼儿愿意玩游戏了，科学教育自然就达到效果了。

三、具有科学的态度和情感

幼儿科学教育的目的是对幼儿进行科学启蒙。科学启蒙的含义包括科学知识的启蒙和科学态度的启蒙。在某种意义上说，科学态度的启蒙对幼儿一生的影响远比知识更重要，因为幼儿期所获得的知识是肤浅的，而科学态度的启蒙却能成为一种强大而持久的动力。在幼儿科学教育中，最关键的是保持和培植幼儿的好奇心与探究热情。因此，在科学教育中要重视幼儿对科学的兴趣、态度及探索精神的培养。幼儿的兴趣、情感与态度易受教师的兴趣、情感与态度的影响和感染，在一定程度上，还时常左右着幼儿的情感和态度。

教师要培养幼儿对科学的情感和态度，首先自己本身必须对大自然有强烈的好奇心，能对周围的事物给以极大的关注；亲近自然，热爱生活，珍惜生命，对周围事物充满爱，喜爱看、听、说新事物，喜欢探索；这样才会给幼儿创设一个良好的心理氛围，使幼儿的兴趣、情感和态度也随之高涨，产生与教师相应的良好情感和习惯。例如，教师在引导幼儿认识兔子时，开始并不说一起认识兔子，而是脸上现出特别惊讶的表情："哇！这是什么呀？我要仔细看看它。"这时，幼儿也会随之兴起，甚至观察得比教师还仔细，并且兴奋地把观察到的、发现的东西讲出来。可见，教师的情绪和态度对幼儿感染之深。教师可以设置一个趣味性的木偶博士，专门负责回答幼儿的疑问，每天定期回答十个问题，让幼儿通过这种方式去询问心中的一些问题，其余小朋友也可以一起听，这就是很好的科学宣传模式。

四、具有适应现代幼儿科学教育的教学能力

幼儿科学教育效果的好坏决定着幼儿的发展，而科学教育效果的好坏不仅与教师的科学教育意识、科学知识和经验以及兴趣、情感、态度有关，还与教师的教学能力密不可分。

1. 具有敏锐的观察力和较强的语言表达能力

观察力是教师对幼儿进行科学教育必不可少的素质之一。在科学教育活动中，教师除对幼儿认识的对象进行仔细观察外，还要观察幼儿进行科学活动中的细微表现及变化，从而更有效地指导幼儿活动。例如，在幼儿进行"让纸站起来"的科学探索活动中，教师发现幼儿只限于对纸张的折叠上，不能借助于辅助材料，没有达到实验目的，脸上出现了为难的神色。这时，教师仔细观察幼儿的表现，采取相应的措施帮助幼儿，运用恰当的语言引导，使实验取得成功。当幼儿高兴得手舞足蹈的时候，再激发幼儿想出更多方法的兴致，让幼儿在动手操作的同时掌握了知识，学会了创造。可见，教师通过观察发现问题，对其进行适当的帮助，这在幼儿科学探索活动中是十分重要的。尤其是在科学题材的木偶游戏中，教师要观察学生的表现，看学生更喜欢什么样的木偶游戏方式，哪种方式可以达到更好的教育效果，在后续的木偶游戏设计与改编过程中，就需要针对性地加以改进。

教育专家建议："教会他们科学的方法，会让孩子终身受益！"幼儿的科学素养，一是指培养幼儿具有良好的科学态度和科学情感，对周围事物探索的好奇心和求知欲；二是指培养幼儿掌握基本的科学知识技能，为幼儿健康成长奠定基础。幼儿在教师的带领下，给植物浇水、锄草，观察植物生长变化，了解植物生长的科学知识。

幼儿园还在楼道底层开辟了科学互动墙，营造科学的氛围。在日常教学活动中，开展了与主题活动相结合的科学教育，指导全体幼儿参与科学探索活

动。如"寻找空气""风从哪里来""水的三态变化"等。对于这样的探索活动，都可以采用木偶游戏方式来完成，让学生扮演不同的小木偶，比如组建一个探索"风从哪里来"的探险团队，里面是不同角色的小木偶，有了解知识的白胡子知识爷爷，有敢于去追风的追风小子等，他们一起去探索"风从哪里来"这一问题。在"水的三态变化"中设计三个木偶，每个木偶代表不同的水的形态，因此在设计木偶的过程中，就需要花些心思，在外观上将水的不同形态表现出来，然后每一个木偶都会根据温度的变化展示自己的形态。比如，当旁边扮演稳定的木偶举起"低于0度"的时候，扮演"冰"的小木偶就要主动跳出来，说"我是小冰"，然后开始讲述自己变成冰的故事。

在科学题材的木偶游戏中，根据不同年龄段的孩子，教师会提出不同的要求：让孩子动一动、玩一玩，让幼儿自己来讨论；说一说、想一想，在探索中获得经验的提升。通过多项科学活动，让家长也参与到科学活动中，一起关注生活、收集资料，探究发现，体验到了科学带来的无穷乐趣。

另外，一些日常偶发的科学现象，往往也是教师对幼儿进行启发的良好契机。教师要认真观察幼儿的一举一动，了解幼儿所思、所想、所惑。根据不同对象、场合采用个别教育，使每个幼儿都能获得丰富的科学体验，对科学探索产生浓厚的兴趣。如在一次区角活动中，老师发现一名幼儿在科学角的鱼缸前，满脸疑惑地一会儿上、一会儿下地反复观察着金鱼。当了解到此幼儿发现从侧面隔着玻璃看鱼缸里的金鱼比从上面直接看要大一些时，教师立刻抓住机会，在全班开展了"金鱼为什么会变"的讨论。

语言在教育教学中是教师实现教育目标、完成任务、达到教育教学效果的有效手段。在科学活动中，教师要不断运用富有启发性的语言来引导幼儿进行观察；用准确、精妙的话语来描述和说明幼儿的观察活动；用各种形式的提问、设疑为幼儿设置问题情境，培养幼儿的创造思维和发散思维。也就是说，在科学教育活动中，教师要通过语言手段来为幼儿创设学习情境，使幼儿处于探索、学习的最佳状态；借助语言的力量，唤起幼儿思想情感上的共鸣，引起幼儿的求知欲望。另外，面对幼儿诸多提问，如果教师具备较高的语言修养，让自己的语言确切明了，简单通俗，生动形象，富有感染力和说服力，使语言的点拨、引导作用在幼儿科学教育中得到更好的发挥。

2. 具有选择、设计科学教育活动的能力

教师选择科学活动的内容不能仅仅限于课本，孩子天生爱探索，对许多事物感兴趣。幼儿许许多多感兴趣的事物和想要探究的问题，本身就已隐含着教育所要追求的价值和目标。因此，教师要把教育的出发点从教材转向儿童，将幼儿感兴趣的事物和想要探究的问题扩展成为幼儿科学教育的内容，形成科学教育活动。例如，在主题活动"春天的秘密"的一次户外观察活动中，幼儿对河边的柳树发出的新芽并不感兴趣，而是一直讨论"河里的水为什么又臭又脏"，教师因势利导，根据幼儿新的兴趣点，生成了另一个科学教育活动"环保小卫士"，活动收到了良好的效果。

同时，教师还要把科学教育的设计、选择渗透到一日生活中，随时支持幼儿个别或小组发起的探究活动，要带领幼儿走进大自然、走进社会，拓宽视野，使幼儿对一切事物产生兴趣。每一次户外活动，实际上都是一次收集木偶游戏材料的机会，幼儿有实际的感受，教师带着幼儿去感受，选择一些适合的题材，将其改编成趣味性的科学木偶游戏，推动幼儿科学意识的发展。

3. 具有灵活的教育机智和指导能力

俄国教育家乌申斯基说：无论教育者怎样研究教育理论，如果没有教育机智，他就不可能成为一名优秀的教育实践者。笔者认为，教育机智也应是对教师素养的基本要求。

教育机智是与教师的思维品质紧密相连的，它要求教师除了具有丰富的教育教学经验外，还要有较强的思维能力，它包括思维的逻辑性和灵敏性。如果教师的思维无条理，逻辑性差，那么在引导幼儿进行观察、操作时也会出现混乱，幼儿获得的经验也是凌乱、无条理的，它将直接影响幼儿思维品质的培养。教师具有灵活的思维，才会对幼儿的探索操作做出准确及时的判断，为幼儿设置最佳的帮助措施与发展目标，运用巧妙的激励手段，为幼儿科学探索活动创设良好的心理氛围，对幼儿进行思维创造教育。

现代幼儿科学教育强调引导幼儿从每天所做的事情中增长科学经验，从他们日常的好奇与探索行为中悟出道理、发现联系。偶发的科学现象时时、处处都可能发生，教师要运用灵活的思维，善于抓住时机进行随机教育，支持引导幼儿自发的探索活动。例如，一次户外活动时，幼儿正三五成组地玩着自己喜

欢的游戏，突然有只受了伤的蜻蜓落到了一位幼儿的脚前，这名幼儿便大叫起来，许多幼儿立刻围了过来。这时，教师马上利用小朋友的好奇心，引导幼儿认识蜻蜓及蜻蜓与人类的关系等，激发幼儿保护蜻蜓的意识，并与幼儿一起放飞了蜻蜓。这样既满足了幼儿的好奇心，又激发了幼儿的探索兴趣，也充分体现了教师机智的运用。

在科学题材的木偶游戏中，幼儿的创造力和想象力应该得到鼓励与保护，幼儿可以在符合大致科学原理的基础上，尽情地探索和发挥，然后将其用木偶游戏的方式表现出来。甚至幼儿园可以为每个孩子设置一个科学身份的小木偶，当出现科学木偶游戏契机时，他们就拿着属于自己的小木偶进行表演，真正形成良好的科学素质。传统的幼儿科学教育活动忽视幼儿的活动过程，现代幼儿科学教育活动突破了传统教学模式，重视探索过程，即过程重于结果。在科学教育活动中，教师不仅仅是知识的传授者，更是指导幼儿探索活动过程的引路人。

4. 具有创造能力

由于社会发展的需要和个体要在社会上更好地生存，幼儿科学教育必须注重幼儿的创造能力的培养。同时，幼儿科学教育是一个开放和创造的过程，因此，教师应具备善于接受新事物并能加以创新的能力。面对层出不穷的新科技、新事物，教师要不断创新，创造出教育教学的新形式、新方法、新手段，这样才能适应社会发展对幼儿科学教育的要求。

向幼儿进行科学教育是人类发展的必然要求，也是幼儿自身发展的需求，更是幼儿教育必不可少的组成部分。幼儿期是实施素质教育的重要阶段，科学教育是向幼儿进行全面发展教育的主要途径。科学教育的实施需要通过教师的创造性劳动来实现，要求幼儿教师对自己的素质结构重新做全面的调整、更新和完善，以实现对幼儿潜在学习影响因素的优化，使幼儿真正成为未来科学世界的主人。

第三节　利用木偶游戏开展科学教育与教学的探索

在幼儿教育中，虽然幼儿木偶游戏不一定适合所有的幼儿科学探索活动，但是其中相当一部分幼儿探索活动都是可以采用木偶游戏方式的，毕竟它有趣，更符合幼儿的心理状态。大班幼儿对影子这一有趣的光学现象特别感兴趣，他们喜欢和影子做游戏，因此我们经常会开展有关影子的科学活动，这些活动一般都围绕着影子产生的原理展开，幼儿较难理解其中蕴含的科学道理。

本次活动我们基于木偶游戏模式，运用反证的方法，通过为动物的影子找"眼睛"，让幼儿自己对有关影子的错误或模糊的前概念进行验证，从而进一步理解纸挡住光的地方就会出现影子，而纸没有挡住的地方光就能透过等粗浅的科学知识。

一、活动情况

（1）活动方式：木偶游戏。

（2）活动主要角色：大熊博士（木偶），各类小动物（木偶），各种实验材料。

（3）活动开展思路：大熊博士（木偶）带着各类小动物（木偶）找"眼睛"。

二、活动目标

（1）探索为动物的影子找"眼睛"的方法，知道纸没有挡住的地方光能透过；反之，则产生影子。

（2）能与同伴合作观察和记录，并对生活中的光和影的现象有继续探索的兴趣。

三、活动准备

（1）幼儿操作材料：剪纸动物的头饰（制作木偶）、手电筒、剪刀若干、背景板一块、幼儿记录纸若干。

（2）教师演示材料：关于动物影子的PPT、已剪好眼睛的兔头、手电筒、集体记录纸一份。

四、活动过程

1. 说说影子，引起兴趣

师（大熊博士木偶）：这几天我们都在玩影子游戏，你们发现影子有哪些有趣的现象？

幼（小动物木偶）：影子有时会变得很长，有时又会变得很短，有时又会消失不见。

幼（小动物木偶）：我跑影子也跑，我停下来影子也会停下来。

幼（小动物木偶）：影子的颜色都是黑黑的，有的深，有的浅。

小结：影子真像一个魔术师，有时会出现，有时又会躲起来；有时会变长，有时又会变短。

分析：在本活动开始之前，我们首先对刚刚结束的影子游戏进行交流，教师在提问时特意突出"有趣"二字，这样能有效地激发幼儿探索影子特性的兴趣。通过教师的小结，帮助幼儿回顾关于影子的各种经验，为接下来的活动做好准备。

2. 比较不同的影子，记录各种猜测结果

（1）教师（大熊博士木偶）演示关于动物影子的PPT，幼儿根据局部特征猜测分别是哪些动物的影子。

（2）出示有眼睛的兔子影子的图片，请幼儿说说这个影子和前面看到的影子有什么不同。

（3）猜猜为什么兔子的影子上会有眼睛，幼儿结伴商量并记录猜测结果。

（4）交流各种猜测记录。

猜测一：在兔子头像上画两只眼睛；

猜测二：在兔子头像上贴两只眼睛；

猜测三：在兔子影子上画两只眼睛；

猜测四：在兔子头像上剪两只眼睛。

（5）教师在集体记录纸上记下幼儿的各种猜测并提出要求。

师：请你们用商量好的办法试一试，然后用手电筒照一照，在小动物的影子上能不能看到眼睛。

分析：教师通过演示动物影子的PPT，出示有眼睛的兔子影子的图片，引发幼儿对两种影子进行比较，从而自然地过渡到猜测、记录阶段。幼儿分成几个小组，大胆猜测"如何才能在动物的影子上看到眼睛"，并在教师的鼓励下开始初步验证自己的各种设想。

3. 实验验证，寻找答案

（1）幼儿（小动物木偶）运用猜测的方法进行验证并记录。

师：请你们在做实验的时候，不管是成功还是失败，都记录下实验结果。试过自己的方法后，也可以试试别人的方法。

（2）幼儿根据实验情况交流自己的发现。

①光透过动物头饰上的小洞后影子上就会有"眼睛"。

师：为什么给动物头饰画眼睛、贴眼睛都无法让我们在影子上看到眼睛，而剪个小洞就能看见呢？

小结：手电筒的光透过纸上的小洞后影子就会有眼睛，而画眼睛或贴眼睛都会将光挡住，所以影子上就看不到眼睛。

②洞的大小和"眼睛"大小之间的关系。

师：小动物的眼睛都一样大吗？为什么？是不是洞剪得大眼睛就大，洞剪得小眼睛就小呢？

小结：剪的洞越大透过的光越多，影子上的眼睛就越大；反之，剪的洞越小透过的光越少，影子上的眼睛就越小。

分析：实验验证后，当幼儿开始交流实验结果时，教师的开放式提问能有效引导幼儿进行细致观察，并鼓励幼儿用浅显的语言来解释较为复杂的光学原理。教师预设的一些关键提问能够帮助幼儿对光和影子的一些错误或是模糊的前概念进行验证，并通过同伴间的引导、自己的操作，从而进一步理解"影子上如何才能出现眼睛"的光学现象。

五、延伸活动：手影游戏

（1）出示手影游戏的PPT，请幼儿说说看到了什么。

（2）幼儿在区角中模仿手影动作进行游戏。

六、活动反思

通过木偶游戏方式，很好地开展了科学探索，让科学探索意识与理念在幼儿心中生长。在科学探索活动中，教师的提问设计至关重要，有效提问不仅有利于促进师生间、生生间的交流，形成良好的多向互动和活跃的教学氛围，而且在活动的猜测验证阶段，教师的有效提问还能帮助幼儿正确理解科学现象，获得初步的科学知识。

第 三 篇

小木偶　深发展

　　木偶的种类多种多样，尤其是在以化州为代表的茂名市，更是随处可见。木偶戏园本课程源于生活，正如伟大的教育家陶行知先生所说："把生活引进课堂，把课堂搬到实践中。"因此，充分利用区域优势和幼儿园自身优势，通过开发并实施幼儿园木偶戏园本课程，对促进幼儿的语言表达能力、美术及音乐的鉴赏能力和表现能力、提高幼儿文化认识水平和社会认识水平、促进幼儿身心健康发展等都会起到积极的作用。

第九章

幼儿园木偶游戏活动开展

木偶表演是我国传统表演艺术中的一种表现形式，也是幼儿喜爱的一种表演形式。在木偶表演中，表演者结合木偶道具，根据故事情节的需要，用夸张的语言使木偶变得有感情，能表达出角色的心理活动和特征。幼儿爱说、爱动、爱想象，对身边的任何事物都有探索的欲望，形象、生动、有趣的木偶表演为幼儿提供了自主探索的舞台，可以让幼儿更主动地表达、表现，促进他们全面发展。在幼儿游戏与教学中尝试融入木偶表演，能让幼儿在有趣的情节表演中乐于表达，获得情感上的愉悦和语言的发展。

第一节　幼儿木偶游戏与表演的策略

木偶表演中生动有趣的形象、丰富多彩的背景不仅吸引了幼儿的注意力，还激发了幼儿在活动中的主动性，满足了幼儿在活动中语言表达的需要，促进了幼儿语言能力、动手操作能力和交往能力的发展。

一、购买或者制作丰富多彩的木偶

偶具是进行木偶表演的前提，也是吸引幼儿参与木偶表演的直接因素。幼儿的兴趣持久度不高，因此，教师要为幼儿提供多样化的偶具，激发他们参与木偶表演的主动性。我们常用的偶具主要有布偶、纸偶、提线木偶等，这些偶具体积小巧，便于幼儿取放，占用的空间小，便于教师摆放，此外，还有乒乓球偶、瓶子偶、毛线偶、信封偶等特色木偶。

玩偶的大小以适合幼儿小手操作为宜。教师还可提供材料，用自己制作的刀具让幼儿自制木偶，幼儿将玩得更开心。

1. 布偶

布偶主要是教师用绒布做成的偶具，头像大多是幼儿熟悉、喜欢的动物形象，如小狗、小猫、小兔、小猴等。幼儿在操作布偶的同时，可以感受不同布料带来的不同触感，促进幼儿感知觉的发展。

2. 纸偶

纸偶分为两种：一种是立体纸偶，即根据表演所需要的角色形象，利用各种纸张、信封进行粘贴和添画制作而成的，这种纸偶立体感较强，且能够动起来；另一种是平面纸偶，即幼儿根据故事中的角色，自己用简单的图形画出角色形象，教师用塑封机进行塑封加固，在其背面固定一根橡皮筋（以手伸进去适宜为标准），幼儿操作方便，无须教师在旁边指导也可自己进行表演。

3. 提线木偶

提线木偶制作非常精细，所以多以买来的成品木偶为主。这种木偶需要操作者两只手共同配合，一只手控制提线木偶的身体，另一只手指挥木偶两只手的动作，让提线木偶的动作随着故事情节的变化进行相应的调整。提线木偶形象生动、有艺术感，教师用提线木偶表演木偶剧深受幼儿喜爱，也吸引着幼儿参与其中。

4. 乒乓球偶

在乒乓球上剪一个手指大小的洞，用针线在洞的对边固定上毛线，做成头发，或用包装纸做成帽子固定在头上，再用即时贴纸剪下五官，贴在乒乓球上即成。食指套进脖子再插进乒乓球偶的洞里，大拇指与其他三指分别套进两边袖子进行表演。

5. 指偶

在厚纸上画出或剪下旧图书中的动物、人物等形象，贴在较有韧性的纸条上做成指环即成。幼儿食指插进指环表演。

6. 瓶子偶

塑料小瓶倒置，在即时贴纸上画出五官，剪下贴在瓶身上，装饰出各种形象，即成瓶子偶。幼儿食指插进瓶口表演，也可像乒乓球偶那样加上小衣服。

7. 毛线偶

用各色毛线织成各种形象的毛线偶。操纵方法类似乒乓球偶。

8. 信封偶

用信封剪成各种人物、动物头像即可。操纵时，大拇指与小拇指、无名指分别从左右两个孔中伸出表演。

二、创作多样的木偶戏内容

在小班语言活动中，木偶戏表演内容的创作可以是多种多样的，既可以是传统的故事内容，也可以来源于优秀的绘本故事，还可以来源于幼儿的生活。只要能很好地调动幼儿的情绪，促进幼儿主动表达、表现，培养幼儿良好的语言习惯，都可以进行创作尝试。

1. 传统故事

传统故事是木偶戏表演的首选，如《拔萝卜》《狼来了》《小猫钓鱼》《三只小兔》等。幼儿在木偶戏表演中不仅可以再现这些故事，还能把自己平时听到的故事与之融合在一起，通过自己的再创造进行表演。如幼儿听过《小猫钓鱼》的故事后，知道要做一个一心一意、做事认真的宝宝。在户外运动中，教师先讲了《小猫晒太阳》的故事，幼儿便想到运用教师提供的小猫手偶，一边复述故事内容，一边模仿小猫在太阳下晒身体的各种动作，教师还扮演蝴蝶、蜻蜓进行干扰，在有趣的故事情景中培养幼儿的专注力。

2. 绘本故事

绘本有着生动形象的故事画面、幽默有趣的故事情节、精练的故事语言，深得幼儿的喜爱，同时也是幼儿语言游戏中很好的素材。

小班阶段是幼儿语言发展的关键期，木偶表演为幼儿提供了一个表达、表现的舞台，当幼儿用木偶表演的形式一遍遍地复述和表演绘本故事内容时，可以在玩玩演演中提升语言表达能力。如绘本故事《香香的被子》，故事中有小猪、小猫、小松鼠等不同的动物，它们讲的话都是不同的，如果让幼儿简单地复述故事，幼儿只能单纯地记忆，失去了故事原本的趣味性，而通过木偶表演，幼儿不仅能开展角色之间的对话，还能完整再现故事中角色的特征，并结合故事内容创造性地进行表演，语言表达能力无形中有了提升。

3. 自创的生活故事

借助幼儿一日生活中发生的事情创编故事，并用木偶表演的形式再现，是幼儿最熟悉的，也是最受幼儿欢迎的。以幼儿的生活活动为例，教师根据幼儿一日生活的不同环节，创编了富有情境性的生活小故事，如《一个跟着一个走》，旨在培养幼儿有序排队走路的好习惯；《我会喝水》，旨在让幼儿知道多喝水、不浪费的道理；《我要上厕所》，旨在培养幼儿文明如厕的好习惯；等等。通过木偶表演再现这些生活小故事，不仅促进了幼儿的语言发展，还有助于他们积累更多的生活经验。

4. 整理的地方民间故事和革命历史故事

化州历史悠久，因此也就流传着很多历史名人的逸闻趣事，如苏轼、范祖禹等都在化州留下过足迹，明代名士陈鉴的故事更是在化州家喻户晓。另外，由于化州独特的文化传统和饮食习惯，也在民间流传着众多的传说故事。这些丰富的传统文化素材，也成为木偶戏教学及表演的重要内容。如《橘红传奇》《拖罗饼》《李孝顺孝母》《陈鉴的故事》等。幼儿通过对这些故事的了解和学习相关木偶戏的表演，不仅增长了文化知识，还增进了热爱家乡的情感。

化州还是全国一类革命老区，曾涌现出大批英烈人物，通过木偶戏的艺术形式发掘这些题材并将其普及推广，不仅丰富了木偶戏教学及表演的内容，还在潜移默化中让幼儿自觉接受革命传统教育和爱国主义教育。

三、增加诸多趣味性的操作与表演

木偶表演的形式应该是多样的，可以运用偶具直接表演故事，也可以创设可操作的背景墙，还可以利用其他辅助道具，多样化的操作形式能增强木偶表演的趣味性，激发幼儿表演的兴趣。

1. 运用偶具直接表演故事

运用偶具直接表演故事对幼儿来说更为直观、形象，操作起来也较为简单。在实践中，我们发现，不同材质的偶具可以运用于不同的语言活动中，发挥不同的作用。

如在语言活动"谁咬了我的饼干"中，教师将故事中的形象做成了各种各样的纸偶，纸的多变使得小鸟和狐狸尖尖的嘴巴、大河马大大的嘴巴、小兔的大门牙等得到了生动的再现。同时，教师用纸做成圆圆的饼干，并根据故事情节的需要，将饼干根据动物嘴巴的大小进行分割。这样，当幼儿猜出是谁吃的饼干时，对应的动物纸偶在教师的操作下就会张开嘴巴咬饼干，并能够咬下相应大小的一块。这样的表演既能让幼儿的思维随着故事情节而推进，同时纸偶咬下饼干的过程又是一种非常有趣的探索，是多媒体教学所不能替代的。幼儿的注意力随着纸偶的变换操作而转移，幼儿会不停地想象是谁咬了小猪的饼干，语言和思维都得到了发展。

2. 创设可操作的背景墙

为了进一步增强木偶表演的趣味性，教师可将布裁剪成各种简单的造型，如白云、树、花等，创设可供幼儿操作的背景墙，为幼儿表演提供丰富的背景素材。这样，幼儿在表演时不再局限于拿着偶具坐着讲故事，还可以通过摆一摆、贴一贴、说一说，再现故事内容和情节，边操作边学习。

背景墙的创设为幼儿提供了更大的表现空间，也要求幼儿在表演时充分理解故事中角色之间的关系，并在表演中恰如其分地再现。如教师在语言区创设的"谁来了"故事背景墙，设计了一些特征明显的动物并将动物的不同部位露在外面，让幼儿猜一猜、讲一讲有哪些动物来了。教师把动物藏在不同的门后面，并设计各种开门的方式，如可以挂一个布帘子，掀开时就能看见动物；可以将动物嵌在木门后面，用插取的动作来表现。

3. 借助其他道具辅助表演

木偶表演不是单纯地操作偶具，借助其他道具可以使表演更加丰富、立体和完整。如在语言活动"三个好朋友"中，教师在原有的故事背景墙的基础上，增加了能够移动表演的"木偶电视机"。幼儿可以拿着故事表演所需的木偶，在"木偶电视机"上进行操作，观众在哪儿，电视机就转向哪儿。同时，幼儿可以根据故事内容和同伴协商，共同完成表演任务。

木偶游戏是幼儿喜爱的活动之一，只要制作一个木偶台，投放各式各样的木偶，幼儿就会根据自己的经验进行构思与自行操纵，绘声绘色地表演起来。

第二节　木偶戏融入幼儿教育的实践

为更好地促进幼儿成长，许多幼儿园开始将传统艺术融入课程改革之中，木偶艺术融入幼儿园主题教育活动之中便是其中的一个重要体现。

一、木偶戏融入幼儿教育的价值体现

1. 具有传承优秀文化的重要意义

木偶艺术是一种优秀的传统艺术，是中华民族优秀文化艺术的体现，具有极高的艺术价值。随着时代不断地发展，传统的木偶艺术受到了时代的冲击，受众范围越来越小，木偶艺术的社会地位也越发尴尬。全球化发展促使现在的幼儿生活在一个多元化的环境氛围之中，幼儿熟悉的是一些快餐类的产品，如广告上的平安夜与圣诞节，但是对于传统文化、传统艺术的了解却越来越少。木偶艺术融入幼儿园教育活动之中，不仅能够丰富幼儿园主题教育活动内容，而且有助于幼儿进一步认识并了解我国的传统艺术，培养幼儿对传统文化艺术的情感认同，具有传承优秀文化的重要作用。

2. 促进优秀传统文化精神的传承发展

木偶艺术是我国民间艺术之一，题材类型广泛，内容丰富多样，而且随着时代的发展不断更新故事剧目。木偶戏中的剧目大多是历史故事、古代神话传说以及一些时事改编的故事。这些故事的内涵精彩丰富，大多表现出主人公智慧勇敢、保家卫国的精神，而这些精神正是优秀的民族精神，能够帮助幼儿树立正确的价值观念，促进幼儿形成善良勇敢的良好品德。

3. 有助于提高幼儿园教师的专业素养

木偶艺术融入幼儿园课程教学之中对教师而言是一次重大挑战，教师需要从众多的木偶戏剧目中筛选合适的内容，并根据课堂活动的设计开展教育活动。这就需要教师全面了解木偶艺术，并能够根据不同年龄阶段幼儿的学习需求来设计课堂，这个过程能够有效提高教师的课堂把控能力和问题解决能力，全面促进幼儿园教师专业素养的提升。

二、不同年龄段幼儿开展木偶游戏的路径

木偶的造型艳丽夸张，易于操作，且富有趣味，深受幼儿喜爱。因此，大部分幼儿园开展木偶主题教育活动也主要从木偶表演的形象特点入手，根据幼儿年龄层不同选择更适合的主题教育活动。以木偶为媒介，融入其他故事，开展主题教育活动，如观看木偶表演、学习木偶表演、体验自制木偶等。

1. 观看木偶表演，主要针对小班幼儿

教师可以先筛选出一些适合小班幼儿观看的木偶戏，如利用木偶开展幼儿园主题教育活动的故事——《小兔子乖乖》。在观看表演的过程中让幼儿学习木偶剧中的一些简单句子，并让他们通过听取音乐节奏来模仿木偶的简单表演动作。从听觉、视觉以及模仿等多个方面来帮助幼儿感知木偶艺术，让他们进一步认识并了解什么是木偶以及木偶表演的特点。

2. 学习木偶表演，主要针对中班幼儿

中班幼儿在接受度和理解上的能力有所提高，因此针对中班幼儿的木偶主题教育活动可以进一步提高难度，让他们学习如何利用木偶进行表演。如带领幼儿学习如何使提线木偶做出简单的动作，并利用提线木偶来展示家乡特色，鼓励幼儿多多参与到活动之中。在提高幼儿双手协调能力的同时，提高幼儿对家乡特点的认知。除此之外，还可以组织一次木偶展览会，在展览会上展示多种木偶，让幼儿通过展览活动认识更多形象、更多种类以及更多玩法的木偶，并通过自己的观察讲述出不同木偶的外在形象特点，也可以组织一人讲述木偶形象，其他人猜测讲述的木偶类型，促进幼儿多多参加一些团队类活动，加强幼儿之间的联系，增进友谊，强化互动。

3. 体验自制木偶，主要针对大班幼儿

大班幼儿在接受能力、动手能力以及学习能力方面都明显高于中班和小班的幼儿。因此可以通过组织幼儿自己动手制作木偶，积极探究不同类型木偶的特点，找到木偶的制作原理。通过自己动手制作的形式来增进幼儿对木偶的

情感，从情感角度强化幼儿对木偶的认知，让他们感受我国传统文化艺术的魅力，培养幼儿对木偶的认同情感。这不仅有助于提高幼儿的动手实践能力，还能够强化幼儿积极探索的意识。除此之外，幼儿园还可以组织"为木偶戏编曲"的主题教育活动，带领幼儿为木偶表演创编歌曲，根据不同的节拍、节奏唱出新的歌曲，通过歌曲和木偶动作的协调性拉近幼儿与木偶的距离，带领大班幼儿与木偶交朋友，在提高幼儿对木偶情感的同时强化幼儿的创新意识，激发创新思维。

木偶灵活有趣、造型夸张又利于操作，是非常适合幼儿教育的艺术之一。木偶艺术是长于民间的优秀艺术，是中华民族灿烂的艺术瑰宝，在幼儿主题教育活动中融入木偶艺术，不仅有助于丰富幼儿园主题教育活动内容，还能够推动优秀文化艺术的传承发展。

第三节　传统木偶游戏的创新教学

木偶戏有着深厚的文化积淀，种类繁多。幼儿园充分利用民间文化和艺术，将这些形象可爱、动态灵活的木偶引入幼儿园活动中，不仅有利于促进民族文化的传承，更能利用木偶深受幼儿喜爱的特点，发展幼儿各方面的能力，如语言表达能力、艺术审美能力、社会合作能力以及手指精细动作的发展等。幼儿园在实践中，从传统木偶中筛选了适合幼儿游戏的木偶种类，并根据幼儿的年龄特征和幼儿园游戏特点，对传统木偶进行了变化和拓展，在幼儿园游戏中创造性地运用，深受幼儿喜爱。

一、创新传统木偶，拓展木偶种类

在传统的木偶中，根据木偶形体和操纵技术的不同，有布袋木偶、提线木偶、杖头木偶、铁枝木偶等。根据这些传统木偶的种类，结合3~6岁儿童手指肌肉发展和控制能力，我们衍变出了一系列深受幼儿喜爱的创新木偶。这些木偶采用孩子身边随处可见的彩纸、布条、袜子等材料，通过画一画、剪一剪、贴一贴等形式制作，便于操作，能提升幼儿手指、手腕的灵活性。

改良传统木偶，使其更加生动和易于操作。在传统木偶的基础上经过创新和改良的小木偶，在教学、游戏中深受幼儿的喜爱。

1. 将手指作为指偶的一部分，使形象更生动有趣

指偶是从传统木偶中创生出来的一个种类。但普通的指偶一般只是将手指套入偶像背后的指环内，摆动手指进行操作，提升小肌肉的灵活性。在近几年的实践中，我们对指偶进行了二次创新和改良：将手指作为表演形象的一部分，使形象更加生动可爱、灵活易演。经过二次改良的创新指偶受到了幼儿的喜爱。例如，在小象的头部中间挖一个洞，食指从中伸出来，作为小象的鼻子；在小乌龟的身体下部打两个洞，孩子的食指和中指钻出来，作为小乌龟的腿；用半截纸筒芯做小兔子的头，套在食指和中指上，这两个手指伸直变成了小兔子的耳朵。这样的二次创新，还可以变出跳舞的小姑娘（手指成为小姑娘的腿）、会说话的小鸭子（大拇指和食指成为小鸭子的嘴巴）、爬行的小青虫（两只手的食指和中指一起变成青虫的四条腿）等。

2. 改变杖偶的连接材料，让幼儿能参与制作

传统的杖偶被应用到幼儿园以后操作更加简便。但相对其他木偶来说，杖偶以木杆连接玩偶的手足部位，制作略显复杂。因此，我们又对杖偶进行了二次改良。用硬吸管或者塑料小旗杆作为操作杆，以幼儿绘制的动物形象作为主体形象，以无纺布作为动物的服装，操作杆和形象之间用订书钉连接。这样的材料和制作方式不仅能让幼儿直接参与制作，还能让幼儿根据表演需要进行服装变换，提升幼儿游戏的乐趣。

3. 增加纸杯偶，让幼儿体会创造的乐趣

在传统木偶中没有纸杯偶，但纸杯偶可以作为桌面偶的一种，在桌上摆放、移动表演。只是纸杯偶变化较少，幼儿在游戏中容易玩厌。于是，我们将纸杯杯身剪开、对折，画上眼睛、鼻子、头发，手指捏住杯底动一动，就成了会开口说话的纸杯偶了。经过二次创新的纸杯偶，不仅富有制作的乐趣，而且可以让孩子和纸杯偶互动，更添趣味。

4. 简化提线偶，使幼儿容易操作

传统的提线偶控制线多，幼儿难以把控，经过幼儿园的创新变化后减少控制点和控制线，变得简单易玩。但以布料和木头为主要材料的提线偶难以让幼儿体验自制的乐趣。因此，我们在深入研究提线偶操控要素的基础上，对提线偶进行了再次改良，以更加适应幼儿的制作水平和操控能力，使之成为幼儿的好玩伴。

在改良中，我们采用折纸、毛根来代替布料，以硬币、啤酒瓶盖或者木珠、塑料珠等有一定重量的材料代替木头，作为偶像的手部、脚部，增加坠感，使动作表演更加自然、灵活。这样的改良，使幼儿可以用身边唾手可得的材料制作木偶，使表演更加顺畅，不再为淘不到木偶角色而烦恼。

二、创新型木偶在幼儿园活动中的应用

1. 辅助教学，让集体教学活动更具吸引力

首先是创新型木偶在导入环节中的运用。因为木偶形态可爱，再配上生动的角色语言，往往特别能吸引孩子的注意力和好奇心，适合主角贯穿类的语言活动，使幼儿对角色有先入为主的观念。如在绘本阅读《好饿的小蛇》活动中，老师利用袜偶小蛇形象，只要把手臂伸进袜子里，模拟小蛇的动作，就能吸引幼儿的兴趣，使幼儿全神贯注地投入语言活动中。

其次是创新型木偶在主体环节中的运用。用木偶表演贯穿活动的形式可以用于情节性较强的故事，有比较强烈的矛盾冲突。通过一幕幕木偶戏表演，让幼儿跟随情节发展，引起情感共鸣。如大班故事《老狼整容》中，通过一段段的布袋偶剧场表演，让幼儿进行分段欣赏，大胆猜测剧情发展和人物心理等。在精彩的木偶剧演出中，孩子们仿佛身临其境，与故事主角感同身受。而且在观看木偶剧表演中，渗透了观看演出的常规，了解了木偶剧演出的表演组成，包括表演谢幕的流程。

最后是创新型木偶在结束环节中的运用。通过各种木偶的表演，在玩玩演演中进一步复习儿歌或故事内容，体验人物特点，延伸对文学作品的兴趣。如在小班儿歌《两只小象》学习中，通过将指偶套在手指上表演，幼儿用自己的手指表现小象鼻子的灵活摆动，快乐地边玩边复习儿歌，满足幼儿摆弄指偶的

愿望，促进幼儿间的互动。同时有节奏地念儿歌并配合动作，更增加了活动的丰富性和趣味性。

2. 木偶游戏让区域活动更多彩

（1）自主式游戏。

在表演区内，幼儿可以进行自主式木偶表演游戏。这是一个自娱自乐的过程，以幼儿自主自发为原则，教师只需提供环境与材料的支持，如表演方法的图示、木偶制作的图示以及丰富的区域选材。幼儿会根据自己的喜好选择表演内容和角色。教师成为场务和观众，去聆听幼儿的对话，观察幼儿，为他们鼓掌，在他们需要的时候才给予必要的支持和建议。

（2）合作式游戏。

在表演区进行合作式木偶表演，幼儿既能独立完成自己的表演任务，又需要和同伴彼此配合，此类游戏主要以中大班幼儿为主。游戏前，幼儿要共同进行木偶角色的分配、道具和场景等的准备；游戏时，台词要相互衔接，语气、语调、声音要互相配合等，这些都对幼儿的合作能力提出了一定的要求。起初，教师可以参与其中，做旁白或主角，几次以后，教师逐渐退出，幼儿自由表演。幼儿可以根据自己的理解，创造性地表演。这样在自由、宽松的氛围中，幼儿间的合作越来越默契，越来越愿意尽情地展示自己。

（3）联动式游戏。

这是木偶游戏的较高水平，整个游戏过程中以木偶将有关内容贯穿，融合互通了多个区域进行游戏，幼儿根据兴趣自主选择相应的区域。如根据经典故事《三只小猪》，在各区域间进行联动式游戏。

剧本设计区：幼儿根据所演出的内容画出所演节目的名称，以图文结合的形式设计故事剧本。剧本可以根据原故事内容设计，也可以进行大胆改编或自主创编。幼儿用画一画、贴一贴的方式设计创编了《三只小猪》故事剧本。

木偶制作区：幼儿根据剧本内容选择多种材料，设计制作角色表演所需要的木偶道具、场景道具。幼儿制作好的木偶还可以在区域展示出售。

演前排练区：根据角色需要选择适合表演的木偶类型；根据剧本内容创编角色动作、对话；根据剧情需要进行配乐伴奏，分幕次或完整排练。

表演观赏区：幼儿在排练后，更加自信大胆地进行木偶表演。他们主动招揽观众前来观看，并请观众对故事情节、表演情况进行评价。《三只小猪》表演后，观众对剧目进行了评价，通过打五角星的方式评价了角色表情、动作、语言等，在"我想说的"一栏，幼儿用自己独特的绘图方式提出对本次演出的建议：小猪的动作幅度再大一点、声音再响一点、房子背景再大一点等。

各区域相互联通，表演区的演员可以根据观众评价情况和自身表演感受进行调整改变，可以调整演员、情节、内容，形成剧本的再次创作。整个游戏活动实现区域联动循环，不断生成新内容、新形式。幼儿在游戏过程中，情感体验、表演技能、动作发展等呈螺旋上升的发展趋势。

第十章

幼儿园木偶园本课程建设

《幼儿园教育指导纲要（试行）》指出："教师要根据本《纲要》，从本地、本园的条件出发，结合本班幼儿的实际情况，制订切实可行的工作计划并灵活地执行。"幼儿园木偶园本课程建设的指导思想，就是借助木偶和木偶戏为主要载体，用学龄前幼儿喜爱的形式，立足本地、本园条件，创造性地组织和实施教育活动。在课程建设中，以主题活动为基本形式来构建课程，以发掘本土文化蕴含为基本依托来整合课程，以重视实际操作为基本手段来发展课程。

第一节　木偶教育园本课程的课程目标

园本课程，顾名思义，就是国家或地方课程的本园化。园本课程开发与建设的关键在于体现"以园为本"。"以园为本"的目的在于形成独特的课程体系和办园思想，园本课程开发的目的在于形成幼儿园的教育特色，而特色形成的关键在于教育思想。从某种意义上说，课程即思想。对幼儿园来说，这个思想即指办园指导思想，园本课程应该是幼儿园办园思想的具体体现。幼儿园结合化州木偶戏特征开发园本课程，不仅能体现幼儿园的发展特色，而且能够促进幼儿园的全方位成长与发展。

　　一日活动皆课程的幼儿教育理念来源于"生活即教育"，是从陶行知生活教育理论的核心中演化而来。强调全部课程包括全部的生活，一切课程都是生活，一切生活都是课程，主张把教育与生活完全融为一体。也就是说，一日生活中处处蕴藏着教育，在木偶园本课程教案设计中，需要从幼儿的日常生活中抓取素材，儿歌（童谣）、故事、诗词等不同内容与形式，以及儿童日常生活的吃饭、坐车等内容，都可以成为木偶教育园本课程教案设计的内容。在木偶教育园本课程教案设计中，在语言、美术、音乐的教学过程中，始终将德育潜移默化地蕴含其中，最重要的标准就是有利于儿童的全面成长与发展。

第二节　木偶教育园本课程的实施过程

一、课程实施

　　课程实施就是将编制好的课程方案施行实践的过程，是实现预期的课程理念，达到预期的课程目标，实施预设的课程内容，实现预期教育结果的方法和措施。

　　课程实施必须忠实地执行课程方案，如果偏离了方案，课程实施的程度就受到了影响，课程理念和目标也就很难实现。

　　同时，课程实施与课程方案又要保持动态的互相调整以达到互相适应的目标。即在课程实施过程中，如果出现了方案中未能预见或其他超出方案的情况，必须及时相应地调整方案以适应最新的客观现实。

　　再者，课程实施还要始终保持课程创生思想。因为课程并不是一成不变的教材，也不是一份课程表，不应该是僵化的、教条的。无论是教师还是幼儿，都在共同推进课程实施的进程。尤其是教师，更是课程实施成败的重要因素，正所谓"教师即课程"。教师和幼儿的创造性，不仅应体现在课程设计阶段，也应该发挥作用于整个课程实施的全过程。

二、木偶教育园本课程实施过程

（一）课程主题导入

1. 课程主题导入的意义

苏霍姆林斯基说："如果老师不想办法使学生产生情绪高昂的、智力振奋的内心状态，就急于传授知识，那么这种知识只能使人产生冷漠的态度，而给不动感情的脑力劳动带来疲劳。"无数实践已经证明，积极的思维活动是课堂教学成功的关键，而富有启发性的导入语，可以安定学习情绪，吸引学生注意，激发学习兴趣，沟通师生情感，明确教学目的。所以教师上课伊始就应当注意通过导入语来激发幼儿的思维，以引起幼儿对新知识、新内容的热烈探求。

2. 木偶教育园本课程导入方法

（1）描述导入。

教师通过精彩的描述，引起幼儿的注意，激发幼儿的兴趣，引起联想和想象，引导幼儿自然进入本课教学内容。如童话故事《三只小猪》的导语：

小朋友们，你们知道吗？在一个小山村里，住着猪妈妈和三只小猪，这一天啊，猪妈妈让三只小猪各自为自己盖一所房子，那，这三只小猪都盖了什么样子的房子呢？现在，就让我们带着问题一起看动画片——《三只小猪》。

（2）风俗、趣事导入。

教师讲述幼儿有可能了解的当地风俗或是逸闻趣事，引起幼儿的共鸣，从而激发兴趣，进而引导幼儿进入课程主题。如童谣《正穷节·吃艾粄》的导语：

小朋友们，大家都知道吧，在我们化州，农历正月的最后一天，叫正穷节。正月的正跟蒸饭的蒸同音，这一天啊，我们化州人家家户户都蒸艾粄，就是为了把贫穷、疾病都蒸发掉，让我们过快快乐乐的幸福生活。

（3）欣赏歌曲导入。

通过播放优美动听的音乐、歌曲，营造幼儿的情绪氛围，焕发幼儿的美好感情或欢快情绪，自然导入课程主题。例如，在《船家葫芦娃》的正式讲课之前，先播放动画片《葫芦娃》的主题歌。在调动幼儿的情绪后，再出示相关图片资料导入主题。

（4）实物或图片导入。

在正式讲课前，先通过操作小木偶并以小木偶的口吻跟幼儿打招呼、自我介绍，以调动幼儿的情绪，激发幼儿的兴趣。同样，也可通过展示相关图片，引导幼儿仔细观察，来达到激发幼儿兴趣的目的。

（5）通过温习前一节课的形式导入。

常用于语言类童谣或古诗的课程。先对上一节课的童谣或古诗进行集体唱读，可以马上引导幼儿对唱读节奏的把握和启发幼儿对古诗韵律的感悟。

除上述几种常用导入方式以外，还可以通过提问的方式，抑或先观看或欣赏课程视频、音频的方式导入。

（二）课程主题活动过程

1. 活动过程中的语言要求

（1）使用适龄幼儿能听明白的语言。

（2）注意使用语言的前后层次，由浅入深，由简入繁。

（3）多用短句，避免长篇大论。力求简洁，注意语言美。

2. 活动过程中的提问要求

（1）选择好提问对象。从表现中等的幼儿开始，表现优秀的幼儿备选，偶尔提问表现相对弱些的幼儿。

（2）做好对问题回答的反应。根据不同情况，注意重述、追述、补充，及时做出评价（表扬、鼓励），延伸、检查。

（3）合理选用提问方式。多使用感知性提问、铺垫性提问、导读性提问、理解性提问，注意把答案蕴含在提问中。课程进行顺利，课堂气氛热烈时，可以尝试发散式提问、探索性提问。对幼儿慎用推理性提问和质疑性提问。

3. 活动过程中教师体态的要求

针对幼儿的生理、心理发育的现状，教师要始终面带微笑、语气温和，注意目光柔和以及尽量平视幼儿，尤其是幼儿回答问题的时候。教师要注意到每位幼儿的表情反应，多用目光和表情给予幼儿引导与鼓励。除此之外，教师还要注意在幼儿间行走的步幅及步频，肢体动作可以夸张，但不能过于突然。

（三）组织幼儿实践

1. 引导练习注意事项

（1）教师多示范。

（2）先分段练习，再整体练习。

（3）合理使用教具。

2. 分组练习组合形式

（1）自由组合，多用于两人一组的练习。

（2）男女组合，多用于必须两人配合完成的练习。

（3）教师指定组合，多用于多人配合完成的练习，注意能力差别、互相搭配，最大限度保证所有组合都能完成练习。

（四）活动延伸

课程教学活动结束，为巩固活动学习内容，保持教学活动的完整性和连贯性，更好地实现课程目标，教师还会设计一些课外的活动，也就是活动延伸。

针对幼儿园丰富的木偶戏资源，尤其是园内木偶图文资料及木偶实物资料充足这一优势，幼儿园遵循了充分利用园内区角的原则，最大限度地为认知层面的延伸、时间层面的延伸、活动形式层面的延伸、活动地点层面的延伸和素质层面的延伸都提供了技术保障及后勤保障。

幼儿园对活动延伸的方法也做了各种尝试和探索，积累了相当多的经验。如利用美术课绘制木偶图案，利用手工课制作简易木偶及木偶戏道具等美术手段延伸法；利用国家规定音乐课程中引入木偶戏元素并借助木偶为教具的音乐手段延伸法；利用由幼儿园组织或由家长带领观看木偶戏作品的欣赏手段延伸法；利用课堂教学活动以外的游戏延伸法；还有由幼儿园组团在园内及园外进行的木偶戏表演的切身体验延伸法。

除了园内的活动延伸以外，利用社会资源尤其是结合幼儿家庭成员开展的活动延伸亦既是切实可行，又是效果显著的。这些活动延伸不仅巩固了课堂教学活动的学习内容，拓展了幼儿的知识面和视野，更是在不断激发幼儿的学习兴趣和学习热情，对园本课程实施起到了积极的促进作用。

第三节　木偶教育园本课程的自我评价

木偶教育园本课程与其他课程一样，由课程理念、课程目标、课程内容、课程实施和课程评价共同构成。由于上级主管部门的评价、课程专家的评价以及家长的评价受到时间、经费、人力资源等因素的制约，幼儿园园本课程适时、客观的自我评价就显得尤为重要。

一、木偶教育园本课程的理念与自我评价指标

（一）木偶教育园本课程理念

木偶教育园本课程的理念是编制幼儿园木偶教育园本课程的基本指导思想，反映的是课程设置及方案编写的儿童观、教育观，以及课程的价值取向。幼儿园教育的总目标是"对幼儿实施体、智、德、美等方面全面发展的教育，促进其身心和谐发展"。因此，无论是课程方案的编制还是实施，都始终贯彻这一总要求。

（二）木偶教育园本课程理念自我评价指标

（1）激发幼儿文化自豪感，培养幼儿爱国主义情感。

（2）锻炼幼儿语言表达，推动幼儿语言发展能力。

（3）保障幼儿身体发育，促进幼儿身心健康。

（4）拓展幼儿视野，提升幼儿社会认识。

（5）加强幼儿美育教育，提高幼儿艺术修养。

（6）增进幼儿科学意识，引导幼儿科研兴趣。

二、木偶教育园本课程的目标与自我评价指标

（一）木偶教育园本课程目标

幼儿园课程目标是幼儿园对规定学习期限内的学习效果的预期，它是幼

儿园教育目的具体化的要求。木偶教育园本课程的目标是以木偶为主要教学道具，利用化州木偶的文化传统及丰富的木偶戏资源，结合幼儿园自身多年对木偶戏的教学经验及研究成果，促进符合幼儿身心成长规律、贴合幼儿现阶段发展区水平的发展。

（二）木偶教育园本课程目标自我评价指标

（1）能够正确理解一段简单木偶剧表演的内容。

（2）能够用普通话和化州方言符合节奏地唱读一段童谣。

（3）能够一边操作木偶，一边符合基本韵律地唱读一首古诗。

（4）能够使用流畅的语言讲述一段木偶故事的基本内容。

（5）乐于参与主要以各式玩偶为道具的游戏。

（6）乐于完成简单的木偶舞台表演。

（7）能够识别常见木偶的类别。

（8）能够完成简单的木偶题材的绘画。

（9）能够识别常见的传统木偶戏唱腔。

（10）能够在教师的指导下完成简易木偶的手工制作。

三、木偶教育园本课程的内容与自我评价指标

（一）木偶教育园本课程内容

课程内容就是教学及学习的事实、观点、原理和问题及其处理方式。幼儿园园本课程内容要立足于幼儿的生活，立足于所在地域的文化特点，立足于幼儿园自身的文化特长，立足于幼儿所掌握及可整合的资源。与此同时，幼儿园园本课程内容要能够支撑幼儿全面发展的目标。

（二）木偶教育园本课程内容自我评价指标

1. 语言类课程

（1）木偶表演课程下的普通话和化州方言的童谣唱读与游戏。

（2）木偶表演课程下的童话故事讲述与表演。

（3）木偶表演课程下的民间传说、故事讲述与表演。

（4）木偶表演课程下的古诗朗诵与表演。

2. 美术类课程

（1）木偶形象及木偶部件的绘画。

（2）木偶部件及木偶戏道具的泥塑。

（3）简易木偶及木偶戏道具的纸艺手工。

3. 音乐类课程

（1）木偶表演课程下的歌曲学习与表演。

（2）木偶表演课程下的传统木偶戏唱段学习与表演。

四、木偶教育园本课程的实施与自我评价指标

（一）木偶教育园本课程实施

课程实施就是对课程方案的执行，是对课程目标、内容的实际落实，包括课程具体的组织方法、开展形式，教学和学习过程等。木偶教育园本课程的实施要重点考虑到不同年龄段幼儿的智力发展水平及学习能力，在教学过程中要保持"水桶短板"意识，即要考虑到接受能力弱的幼儿，以确保整体学习效果。

（二）木偶教育园本课程实施自我评价指标

（1）木偶形象及相关图片要求生动、夸张，色彩要丰富、鲜艳，能够吸引幼儿的注意力并激发幼儿的兴趣。

（2）选取的视频、音频资料要求结构完整，内容清晰，适合幼儿当前年龄段的理解和学习。

（3）规范的课程进展程序。

（4）给幼儿预留充足的练习时间。

（5）给幼儿点评和奖励、鼓励。

（6）布置并检查课后与课程内容相关联的课外学习、练习内容。

五、木偶教育园本课程的自我评价及自我评价规程

（一）木偶教育园本课程的自我评价

课程评价指检查课程的理念、目标、内容和实施是否实现了预期的教育

目的，实现的程度如何，以判定课程设计的落实效果，以便提供依据，为是否继续实施课程或是否对课程进行改进做出决策。木偶教育园本课程的评价就是根据既定的评价程序，对照理念、目标、内容和实施的评价指标，在可量化的统计数据和已经实施的课程案例的基础上，对上述评价指标实现的情况做出评定。

（二）木偶教育园本课程的自我评价规程

1. 规则

（1）组建园内课程专家委员会，共5人，每人有10%的表决权。

（2）组建园内教师代表委员会，共10人，每人有5%的表决权。

（3）每一课程负责人经过宣讲和答辩后，由园内课程专家委员会和园内教师代表委员会合议后现场表决。

（4）未获得60%表决权支持的课程，为不合格课程，中止课程的实施。

（5）获得超过60%但未获得85%表决权支持的课程，为合格课程，可经过改进后，再试行课程实施。

（6）获得85%以上表决权支持的课程，为优良课程，可继续进行课程实施。

2. 程序

（1）课程负责人对照各项课程自我评价指标，对课程实施情况进行宣讲。

（2）课程负责人对园内课程专家委员会成员的现场提问进行即时答辩。

（3）园内课程专家委员会和园内教师代表委员会各自分组合议。

（4）现场进行是否通过验收的表决。

（5）当场公布验收表决结果。

第四节　木偶教育园本课程的设计案例

一、大班木偶教育活动设计

（一）木偶教育语言活动设计

1. 童谣·游戏

孙悟空打妖怪

【活动目标】

（1）理解童谣内容，初步感受连锁调童谣每句句尾与第二句句首内容相同的形式特点。

（2）知道对陌生人要提高警惕，防止上当受骗。

（3）能够大胆表达自己对画面的观察和理解，并尝试表演童谣内容。

（4）感受木偶表演的乐趣。

【活动重点】

理解童谣内容，学会把握节奏，通顺、流畅地朗诵童谣，激发兴趣地进行表演。

【活动准备】

经验准备：幼儿有一定的自主阅读经验。

物质准备：

（1）多媒体课件。

（2）唐僧、孙悟空、猪八戒、沙和尚、老妖婆木偶各一个。

（3）歌曲《猴哥》《白龙马》，《孙悟空打妖怪》动画。

【活动过程】

（1）播放《西游记》开场音乐《猴哥》，请一名幼儿捧着孙悟空木偶出

139

场，引发幼儿兴趣。通过谈话引出话题，教与学一定要形成互动。

（2）欣赏童谣，理解童谣内容。

① 播放动画片，让幼儿初步了解童谣内容。

② 教师以木偶为道具，以木偶人物的口吻向幼儿提问，让幼儿进一步理解童谣的内容，加深对童谣的印象。

③ 再次播放动画，引导幼儿仔细观察画面，找出童谣中的规律，初步了解连锁调童谣的形式特点。

④ 学习理解童谣的后半部分。

（3）幼儿表演童谣内容。

分角色表演：选出五位小朋友操作唐僧、孙悟空、猪八戒、沙和尚、老妖婆木偶。

【活动延伸】

对幼儿进行安全教育，使幼儿知道对陌生人要提高警惕，防止上当受骗。

附：童谣

孙悟空打妖怪

唐僧骑马咚那个咚，后面跟着个孙悟空。孙悟空，跑得快，后面跟着个猪八戒。猪八戒，鼻子长，后面跟着个沙和尚。沙和尚，挑着箩，后面跟着个老妖婆。老妖婆，真正坏，骗了唐僧和八戒。唐僧八戒真糊涂，是人是妖分不清。分不清，上了当，多亏孙悟空眼睛亮。眼睛亮，冒金光，高高举起金箍棒。金箍棒，有力量，妖魔鬼怪消灭光！消——灭——光！

花　轿

【活动目标】

（1）理解童谣内容，并学会朗诵童谣。

（2）能够大胆运用肢体语言表现童谣。

（3）愿意与同伴进行合作表演，体验表演的乐趣。

【活动准备】

童谣、音乐、花轿图片。

【活动重点】

学会朗诵童谣，体验童谣的诙谐情趣。

【活动过程】

（1）出示花轿图片，引发幼儿的兴趣。

教师：这是什么？这是花轿！猜猜有谁会来坐花轿？谁来抬花轿呢？

幼儿自由回答。

（2）学习童谣。

① 欣赏童谣。（教师配合肢体语言进行朗读，加深印象）

② 理解童谣。（由教师讲解童谣描述的是什么事情）

③ 集体学习朗诵童谣。（教师示范并指导幼儿用肢体动作配合学习朗诵童谣）

（3）演一演。

将幼儿分组，指导幼儿与同伴合作共同表演，在加深幼儿朗诵的熟练程度的同时，引导幼儿体验童谣诙谐的情趣及与同伴合作游戏的乐趣。

（4）结束部分。

教师：今天我们学习了一首很有趣的童谣，我们回家以后把这首有趣的童谣唱给爸爸妈妈听好吗？

附：童谣

花 轿

新娘新姑爷，坐轿矛坐车，坐车发头晕，坐轿好精神。

新人新姑爷，坐轿矛坐车，坐车头骨晕，坐轿颠噔噔。

斗 柑

【活动目标】

（1）理解童谣内容，学习有节奏地诵读童谣。

（2）感受童谣表现出的诙谐、幽默，体验用化州方言诵读童谣带来的乐趣。

（3）愿意与同伴合作游戏。

【活动准备】

节奏乐器木鱼，柑（实物），识字卡。

【活动过程】

（1）教师出示柑，引起幼儿兴趣，导入活动。

（2）欣赏童谣，感受学习童谣的乐趣。

（3）感受童谣的韵律。

（4）通过不同的游戏学习童谣。

① 教师带领幼儿敲木鱼打节奏朗读童谣。

② 加快速度朗读童谣。

③ 男童女童分组进行剥柑比赛，剥的核多者优胜。

（5）识字学习。

① 教师：孩子们真棒，这么快就把这首童谣学会了。这首童谣里还藏有可爱的字宝宝，你们认识它们吗？

② 出示字卡：先让幼儿观察字卡上的图案，然后出示相应的字宝宝请幼儿认读。

③ 多种形式认读，激发幼儿的积极性。

【活动延伸】

亲子互动，请孩子回家和父母一起打节奏诵读童谣，增进亲子间的感情，并从童谣游戏中体验到快乐。

附：童谣

斗　柑

"篾"开柑，数柑核，边个核多就边个赢，吾准手赖就甘缩骨。

2. 童话·故事

小袋鼠和小蜗牛

【活动目标】

（1）理解故事内容，学会与他人分享。

（2）愿意大胆讲述故事。

（3）懂得要爱护和珍惜与朋友建立的友谊。

【活动重点】

通过了解故事发展的过程，理解故事所讲述的内容。

【活动难点】

珍惜友谊，学会分享，不能只看到事物的表面现象。

【活动准备】

《小袋鼠和小蜗牛》故事PPT，袋鼠妈妈木偶、小袋鼠木偶、小蜗牛木偶、木偶戏舞台及木偶戏道具蛋糕、橘子、蘑菇。

【活动过程】

（1）教师出示剧中所需木偶及道具，引入故事：

森林里的小袋鼠和小蜗牛是邻居，还是好朋友，它们每天一起玩耍，还一起去摘蘑菇。可是，有一天，因为一件事的发生，曾经的好朋友产生了矛盾。小朋友们，你们知道它们之间发生了什么事情吗？

（2）教师播放PPT，配合PPT为幼儿讲述故事。

（3）按照故事的发展顺序将故事分成几段，在复述故事梗概的同时向幼儿提出问题，启发幼儿的想象，引导幼儿进行独立思考。

①袋鼠妈妈做了一个蛋糕，小袋鼠想和谁一起分享它的美味呢？

②小袋鼠为什么会生气？生气后它做了什么？

③小袋鼠回到家后又发生了什么？有谁来敲它的门了呢？

④小袋鼠和小蜗牛最后怎么样了？它们和好了吗？

（4）教师和幼儿分角色表演故事的内容，启发幼儿珍惜友谊和爱护朋友的情感。

（5）教师指导幼儿操作木偶在木偶戏台上表演故事的内容。

附：童话

小袋鼠和小蜗牛

森林里的小袋鼠和小蜗牛是邻居，还是好朋友，它们每天一起玩耍，一起吃饭，还一起去摘蘑菇。

有一天，袋鼠妈妈为小袋鼠精心制作了蛋糕。小袋鼠闻着蛋糕的香味——哇，真是超级美味啊，口水都要流出来了。小袋鼠马上想起了自己的好朋友小蜗牛，这么美味的蛋糕，为什么我不去和小蜗牛分享呢？说干就干，马上行动！小袋鼠马上端起蛋糕就向小蜗牛家走去！

不一会儿，就到了小蜗牛的家。小袋鼠刚要上去敲门，咦，什么味道这么甜？一股香甜的橘子味从窗户里边飘出来。小袋鼠朝窗户一看，啊？！原来小蜗牛正在剥着香甜的橘子！哼！太过分了，这个小蜗牛竟然只想独食，都没有想过要和我分享！既然这样，那我为什么还要与它分享我的美味的蛋糕呢？小袋鼠生气了，转身就回家了。

回到家的小袋鼠越想越伤心，哭了起来。就在这个时候，当当当！谁在敲门？小袋鼠一边哭一边去开门。啊？原来是小蜗牛带着香甜的橘子汁过来了。小蜗牛高兴地说：嗨，我的好朋友，你为什么哭啊？快别哭了，来尝尝我给你榨的橘子汁吧，又香又甜！噢！原来小蜗牛是在为我剥橘子榨果汁呢！哎，我可真是个小气鬼！小袋鼠后悔极了，赶紧把小蜗牛拉到桌子旁边，对小蜗牛高兴地说：谢谢你小蜗牛，我亲爱的朋友，我也正想和你分享我美味的蛋糕呢！

就这样，两个好朋友一边吃着美味的蛋糕，一边喝着香甜的橘子汁，开心极了。

对不起，没关系

【活动目标】

（1）引导幼儿学会使用"对不起""没关系"等文明礼貌用语。

（2）使幼儿进一步感受到生活中文明、礼貌言行的重要，提高幼儿的交往能力。

（3）指导幼儿讲述故事并操作木偶进行分角色表演。

【活动准备】

经验准备：文明礼貌用语"请、对不起、你好、谢谢、再见"。

物质准备：《对不起，没关系》故事PPT，小花猪、小花猫、小黑狗、小山羊布袋手偶各一个。有关文明礼仪的图片、笑脸贴图。

【活动过程】

（1）教师以模拟情景导入课题，让幼儿认知文明礼貌用语，感受运用文明用语的情感。

模拟情景：主讲教师正在整理图片，助教教师从她身边走过，不小心撞了一下主讲教师的胳臂，图片掉在地上，助教教师马上说："对不起，我帮你捡起来。"主讲教师一边说"没关系",一边跟助教教师一起捡起掉在地上的图片,然后对助教教师轻轻说一句:"下次要小心一点哦。"

① 教师:小朋友们,如果你被人不小心撞到了,你会怎么做呢?(启发幼儿认真思考并回答)

② 教师:小朋友们说得都非常好。今天呢,我们请来了几位新朋友,它们会是谁呢?让我们一起来听一听这个故事就知道了。

(2)欣赏故事,然后一一点评故事中动物的优点。

① 教师以动物图片为道具,完整讲述故事。

② 教师依次出示动物图片,询问幼儿喜欢故事中的哪一个小动物,请幼儿给自己喜欢的小动物贴上笑脸贴图。

③ 教师:小朋友们,你们遇到过这样的事情吗?当你遇到时,你是怎样做的呢?与幼儿讨论,也鼓励幼儿互相讨论,深入理解文明礼貌用语的意义和用法。

④ 分批次选择数位幼儿分别戴上动物头饰表演故事,对所有参演的幼儿都给予鼓励。

(3)主题扩展。

① 引导幼儿积极讨论表述,进一步学习文明礼貌用语"请、对不起、你好、谢谢、再见"等,还要鼓励幼儿分别说出自己知道的礼貌用语和行为。

② 教师为幼儿出示准备好的图片,指导幼儿观察图片内容,启发幼儿发表自己的看法,最后动手操作,给有文明礼貌言行的图片贴上一个笑脸贴图。

小结:原来"对不起""没关系"有这么神奇的作用,它们可以让两个发生不愉快的小朋友重新变成好朋友,所以我们大家以后要主动说"对不起,没关系"。

(4)幼儿进行表演,教师指导幼儿利用掌偶在戏台上进行分角色表演。

【延伸活动】

带领幼儿继续练习"请""对不起""你好""谢谢""再见"这五个文明礼貌用语,坚持主动正确使用文明礼貌用语的幼儿,每天奖励一个笑脸贴,每周获得奖励最多的小朋友就可被评选为"文明礼貌用语每周之星",获奖的幼儿可以将照片上墙鼓励。

附：童话

对不起，没关系

森林里住着一群可爱的小动物，现在它们正在那里高兴地欢呼着。它们为什么这么高兴啊？原来森林里正在举行一场舞蹈音乐会。

小花猪穿着一条碎花裙子，正在欢快地跳着舞，一个转身，不知道什么原因，小花猪的头碰到了小猫咪的鼻子。小猫咪大叫一声："哎哟！"

小花猪急忙说："对不起。"

小猫咪马上说："没关系。"

小花猪继续伴随着音乐节拍跳起舞来，一边舞蹈着一边两手打着拍子，一不小心胳膊撞到了小黑狗的头。小黑狗大叫一声："哎哟！"

小花猪急忙说："对不起。"

小黑狗马上说："没关系。"

小花猪又继续跳舞，这时小花猪正在做一个伸腿动作，咣当，不小心把山羊哥哥绊倒在地上了。山羊哥哥大叫一声："哎哟！"

小花猪急忙说："对不起。"

山羊哥哥马上说："没关系。"

舞蹈音乐会上，小花猪、小猫咪、小黑狗、山羊哥哥一起手拉手，伴随着欢快的音乐开心地跳着舞。森林里充满好朋友们快乐的笑声。

3. 民间风俗·民间故事

正穷节·吃艾粿

【活动目标】

（1）了解"正穷节·吃艾粿"的由来和习俗。

（2）能够仔细观察粿的特点，大胆表达自己的想法。

（3）体验浓浓乡土情，宣扬粿的传统文化。

【活动准备】

关于粿的图片和视频、轻黏土。

【活动过程】

（1）教师通过口头讲解正穷节，让幼儿初步了解正穷节的说法。

① 正穷节：农历正月最后一天称为"正穷节"，也叫"征穷节"，即正月结束的意思。在化州正穷节还有另一层含义，因本地"正"与"蒸"同音，"正穷"即"蒸穷"，是将穷苦病患从人世间"蒸发掉"的意思。在这一天，化州民间有饮艾茶、插艾花、吃艾籺的习俗。

② 知道正穷节要吃籺的习俗。

（2）通过播放视频了解籺的由来；播放籺的图片，介绍籺。

① 通过视频播放籺的由来。

② 通过播放籺幻灯片，让幼儿了解籺这种小吃。

③ 让幼儿观察图片，了解籺的多样式，并一一讲解，籺式样很多：有寿桃籺、簸箕籺、煮汤籺、菜汤籺、水籺、糖心籺、灰水籺、艾籺、发籺等。

（3）播放视频，让幼儿了解籺的做法。通过播放籺的做法，让幼儿从中观察到籺有不同的形状、不同的吃法、不同的味道。

（4）浓浓特色乡土情，宣扬籺的传统文化。幼儿已经通过视频、图片了解到正穷节和籺的由来及习俗了，同时也知道正穷节做籺在家乡是最古老、最传统，也是必不可少的习俗。籺成为家乡的一种很有特色的民间美食，凝结着浓浓的乡土之情，世代相传。所以我们要把这些习俗宣传、流传下去，成为家乡永远保留的传统文化。

【活动延伸】

幼儿到手工区用轻黏土做各种各样的艾籺。

附：童谣

正穷节·吃艾籺

正穷节，吃艾籺，你一客，我一客，蒸去穷，送走恶，同富裕，共欢乐！

拖罗饼

【活动目标】

（1）理解儿歌内容，了解拖罗的由来以及月饼的种类、口味。

（2）能用化州特产仿编儿歌。

（3）知道拖罗饼是化州的特产，产生对家乡的自豪感。

【活动重点】

理解儿歌内容，用化州方言诵读。

【活动难点】

用化州特产仿编儿歌。

【活动准备】

（1）月饼数个（不同馅料）、木鱼、音像播放设备、关于月饼的图片。

（2）视频：关于月饼的故事、拖罗饼由来的故事、月饼的制作工艺介绍。

【活动过程】

（1）出示月饼，导入活动。

提问：这是什么？什么日子我们要吃月饼？中秋节为什么要吃月饼？

（2）观看视频，了解拖罗饼的种类与由来。

（3）教师介绍月饼的种类。

① 教师出示各种月饼的图片，引导幼儿观看并讨论。

提问：小朋友们，你们平时都吃过什么月饼呢？它们的味道怎么样？

② 开始介绍月饼的种类、口味（五仁、叉烧、水果、冰皮月饼等），进而把话题引导至化州特产拖罗饼。拖罗饼的馅是什么？（叉烧、五仁、白芝麻、椰丝）着重强调拖罗饼是化州的特产，拖罗饼以其考究的制作技艺和独特的口感风味而闻名粤西。

（4）教师带领幼儿一边敲木鱼，一边用化州方言朗诵儿歌《拖罗饼》，教师（提供各种化州特产图片）指导幼儿尝试仿编儿歌。

小朋友们，你们知道化州还有哪些特产呢？用你喜欢的特产来仿编儿歌。

【活动延伸】

布置幼儿回家和爸爸妈妈一起了解更多化州的其他特产。要求幼儿回家后和爸爸妈妈用曲调把《拖罗饼》唱出来。

附：童谣

拖罗饼

八月十五月儿圆，我做拖罗笑开颜。

叉烧芝麻味道美，椰丝五仁更香甜。

皮酥脆馅料软，分量足用料鲜。

先人手工再传承，化州特产天下传。

化州簸箕炊的故事

【活动目标】

（1）了解簸箕炊的由来。

（2）能自主讲述故事内容，并围绕"孝顺"的话题展开讨论。

（3）理解故事内容，学习李孝顺孝敬母亲的品质，培养孝敬父母的传统美德。

【活动准备】

（1）簸箕炊一个（黏土制作）。

（2）电视剧、录音《化州簸箕炊的故事》。

（3）木偶舞台、李孝顺木偶、李母木偶。

【活动过程】

（1）创设悬念，激发幼儿学习兴趣。

导语：今天老师给大家带来了化州的特产——簸箕炊，小朋友们都应该吃过吧？你们想知道簸箕炊的由来吗？（引导幼儿结合生活经验大胆猜测）

（2）引导幼儿完整地欣赏故事，理解故事内容。

① 教师播放《化州簸箕炊的故事》，引导幼儿认真倾听。

提问：故事中讲述的这位小哥哥是谁？他做了什么呢？（引导幼儿根据自己的理解大胆讲述，对故事有初步的认知）

② 教师点击故事中的图片，引导幼儿观看图片，理解故事内容。

提问：妈妈生病了，李孝顺是怎样做的？他给妈妈做了好多好吃的食物，可是妈妈没有胃口，不想吃，他又是怎样做的？

③ 幼儿根据自己对故事的理解大胆讲述，教师针对幼儿讲述不全面的部分给予补充。

小结：李孝顺和妈妈一起给这种又香又软又好吃的米浆粑起了个名字，叫"簸箕炊"。

（3）幼儿自主讲述故事，学习李孝顺孝敬母亲的品质。

提问：你们觉得李孝顺是一个怎样的人？你们能用自己的话讲一讲这个故事吗？

幼儿结伴讲述故事内容，教师鼓励幼儿完整地讲述故事，并辅以动作，增强故事的感染力。

（4）利用木偶戏台，指导幼儿用木偶进行故事表演。

【活动延伸】

李孝顺孝敬母亲的品德是永远值得我们学习的。听了这个故事后，你们觉得应该怎样去孝敬父母呢？

（幼儿分组自由讲述怎样做一个孝顺的人）

附：**故事**

化州簸箕炊的故事

很久以前，化州有个叫李孝顺的人，他从小到大都很爱他的妈妈，常常帮妈妈捶背、扫地、擦桌子，妈妈也时常陪李孝顺画画、唱歌、玩游戏，他们的日子过得非常开心。

但是有一天，妈妈突然生病了，躺在床上什么东西也吃不下。李孝顺为妈妈做了好多好多好吃的食物，想喂给妈妈吃，可是他妈妈无奈地说："唉！我一点胃口也没有，不想吃。"一天又一天过去了，妈妈一天又一天地瘦下去，也不能陪李孝顺画画、唱歌、玩游戏了。李孝顺心里很着急，也很难过。

李孝顺翻来覆去地想，会不会是因为那些米饭都太硬了呢？妈妈的牙齿不好，根本就嚼不动。如果我把那些米磨碎了再做，会不会就好些呢？

想到就做，李孝顺把米拿去磨碎了，磨成了米浆，然后他把米浆放在簸箕上炊。过了一会儿，米浆炊熟了，李孝顺把香油、芝麻、蒜蓉淋在熟米浆上面，可香了！他用刀子把米浆划成一小块一小块的，先尝了一块。"额，这样小小块的米浆，软软的，妈妈一定能嚼得动！"

妈妈远远地闻到了香味，问："儿子，什么东西这么香啊！"

"妈妈，这是我用簸箕把米浆炊熟的，可好吃了，你尝尝看！"

妈妈尝了一块，哇，真的很好吃。妈妈高兴地说："真好吃呀！"很快，妈妈就吃饱了。没过几天，妈妈的病也好了，又有力气陪李孝顺画画、唱歌、玩游戏了！

　　李孝顺和妈妈一起给这种又香又软又好吃的米浆粑起了个名字，叫作"簸箕炊"！

传说故事——笪桥黄瓜

【活动目标】

（1）知道化州市笪桥黄瓜的由来，了解黄瓜干的特点、样貌与味道。

（2）能大胆地用自己的语言表达自己的想法，愿意尝试合作设计美食。

（3）激发对化州当地美食的兴趣，萌发化州人的自豪感。

【活动重点】

能大胆地用自己的语言进行讲述。

【活动难点】

合作设计美食。

【活动准备】

经验准备：吃过黄瓜，知道黄瓜的味道，了解黄瓜的作用。

物质准备：生黄瓜、黄瓜干若干，黄瓜干制作的美食图片若干，两个仙子木偶、白纸、画笔。

【活动过程】

（1）谈话导入，引导幼儿说说自己吃过的化州特色美食。

①你吃过什么好吃的化州美食呢？

②它是什么味道的？

③你是在哪里吃到的？

④下面请大家看一出木偶戏，请你们认真看，仔细听，木偶戏里提到了化州什么美食呢？

（2）请出两个仙子木偶演绎笪桥黄瓜的传说。

①组织幼儿讨论：刚才的故事中介绍了什么？你听完后有什么感受？

②出示生黄瓜、黄瓜干，让幼儿了解黄瓜的样子，品尝黄瓜干的味道。

（3）结合"家乡黄瓜美食"的图片，引导幼儿知道一些黄瓜美食背后的故事。

①出示美食的图片，请幼儿讨论，你吃过上面的美食吗？是什么味道？

② 请个别幼儿介绍自己吃过的黄瓜美食，引导幼儿用完整的语言表达。

③ 介绍美食背后的故事。

（4）小组合作，用黄瓜干设计一道黄瓜美食，并绘画出来。

教师：我们以小组为单位合作设计一道最有创意的黄瓜美食，然后说说你们这组的设计。

【活动延伸】

（1）告诉身边人笪桥黄瓜的神奇用处。

（2）把小组合作设计的黄瓜美食粘贴在美术区，一起来分享、交流。

附：故事

笪桥黄瓜的传说

很久以前，有位神仙每年中元节去接受人间的香火供奉。不巧这一年神仙因为有事不能离开，只好拜托两位仙子飞下凡间。当她们飞下凡间时，肚子饿得叽里咕噜响。这时突然飘来一阵阵饭菜的香味儿，惹得她们口水垂涎。于是她们便随着香味一路寻去，发现当地的老百姓都在津津有味地吃着用醋腌制的黄瓜送饭。她们也试着尝了尝用黄瓜送饭，越吃越有味，每人都吃了整整三大碗饭。

后来，仙子们回去禀报众位神仙，说有个叫笪桥的地方，那里的黄瓜特别爽脆好吃，尤其是用醋来腌制的黄瓜，味道一流。众仙们听了便一同前往笪桥尝那黄瓜去了……

4. 古典诗歌

回乡偶书

【活动目标】

（1）让幼儿了解诗歌的意思，能够完整欣赏一段戏曲。

（2）学会按韵律朗读诗歌。

（3）感受诗人久客异乡、缅怀故里的感情，萌发对家乡的热爱。

【活动准备】

诗歌挂图、音响及声音资料、木偶数个。

【活动过程】

（1）指导让幼儿观察挂图，了解挂图内容，了解故事发生的时代。

（2）教师播放诗歌音频，同时展示相应的木偶，木偶配合诗歌的节奏动作，引导幼儿感受诗歌的韵律和节拍。

（3）教师讲解诗歌，引导幼儿初步了解诗歌大意。

（4）教师一边带幼儿朗读，一边教幼儿掌握打节拍。

（5）幼儿完整朗读诗歌两遍。

（6）选择幼儿示范表演朗读。

（7）教师注意幼儿的节拍打得是否正确，对错误的打法应及时纠正。

【活动延伸】

要求幼儿回家后为爸爸妈妈表演古诗朗诵。

附：古诗

回乡偶书

少小离家老大回，乡音无改鬓毛衰。

儿童相见不相识，笑问客从何处来。

赠汪伦

【活动目标】

（1）理解诗歌所表达的意思，学习用已熟悉的曲调套入诗歌加以表现。

（2）学习用清楚、自然的声音及木偶戏应有的韵律来朗读。

【活动准备】

木偶数个、诗歌挂图、音响设备、录音资料。

【活动过程】

（1）出示图片，导入活动，启发幼儿说出图片的意思。

（2）教师讲述诗歌意思。

（3）欣赏诗歌录音两遍，幼儿边听边跟着节奏打节拍。

（4）引导幼儿小声跟老师朗读诗歌，边朗读边跟着节奏打节拍。

（5）指导幼儿完整地朗读诗歌，选择朗读优秀的幼儿进行单独表演和小组表演。

（6）指导幼儿边操作木偶边朗读。

（7）复习已学过的木偶诗歌。

【活动延伸】

要求幼儿回家后为爸爸妈妈表演古诗朗诵。

附：古诗

赠汪伦

李白乘舟将欲行，忽闻岸上踏歌声。

桃花潭水深千尺，不及汪伦送我情。

（二）木偶教育美术活动设计

有趣的木偶脸谱

【活动目标】

（1）欣赏木偶脸谱鲜艳的色彩和夸张的形象，激发幼儿对艺术的兴趣。

（2）学习用语言表达对脸谱的感受和想象。

（3）知道化州木偶的脸谱是中国特有的艺术文化，萌发对家乡的自豪感。

【活动准备】

（1）脸谱照片和鲜明、有个性的脸谱图画若干幅挂在活动室。

（2）幼儿操作材料"木偶脸谱"。

【活动过程】

（1）请幼儿听木偶戏音乐，引起幼儿兴趣。

（2）教师出示脸谱挂图：这是什么？幼儿回答后教师总结：这是化州木偶的脸谱，是中国才有的艺术文化。

（3）教师引导幼儿欣赏脸谱的特点。

幼儿讨论后回答：

① 教师逐一出示脸谱，幼儿欣赏。

小朋友，想一想脸谱有哪些颜色，你知道这些鲜艳的颜色代表什么吗？看了这些脸谱，你觉得怎么样？

② 教师介绍脸谱色彩与人物个性的关系，黑色的表示个性刚直，如包公；红色的表示个性忠诚，如关公；白色的表示个性多计谋，如曹操；金色的表示

神话中的人物，如财神、金钱豹、二郎神等。

③引导幼儿欣赏脸谱对称和夸张的图案。

④教师再出示几种有趣的图案供幼儿欣赏，如小丑、文生、武生等。

【活动延伸】

（1）引导幼儿观察操作材料"木偶脸谱"，学习画脸谱，欣赏脸谱。

（2）举行脸谱化妆会。

木偶服装

【活动目标】

（1）学习运用学过的花纹、花边和色彩装饰服装，欣赏花旦服装。

（2）能够仔细观察木偶服饰的特点，大胆表现自己。

（3）感受造型设计活动的乐趣。

【活动准备】

（1）花旦服饰图片，不同的领形、口袋、纽扣的上装若干。

（2）幼儿操作材料。

【活动过程】

1. 木偶戏导入，引出主题

导语：刚才我们欣赏了木偶戏，又听了一段木偶戏曲，我们化州木偶的角色很多，如花旦、婆旦、文生、武生……他们的服装各异，今天我们来欣赏花旦服装。

2. 引导幼儿欣赏花旦服装

讨论：

（1）教师展示花旦图片：我们看看花旦服装有什么特点？

小结：首先她的服饰非常精美，颜色鲜艳，将珠子逐粒串起来，服装色彩非常漂亮，长袖衣身都有刺绣，花旦拖着长长的"水袖"。

（2）花旦服装什么地方最美？

教师根据每个木偶不同的服饰特点，引导幼儿说说其色彩和图案。

3. 教师小结，结束活动

教师：我们地方特色的木偶戏都是以民间故事为题材，勤劳、聪明的化州人创造了许多美丽的服装，他们的手很灵巧，很多服饰都是用手工缝制的，在以后的美术活动中，教师还要请小朋友来给我们班的娃娃设计美丽的服饰。

【活动延伸】

美术活动中，教师提供给幼儿画有各式各样服装的图画纸、彩色笔、彩纸、剪刀、糨糊、抹布等工具、材料，让幼儿认真观察，操作材料，自由用画、剪贴等方法装饰娃娃。

（三）木偶教育音乐活动设计

猴子学样

【活动目标】

（1）让幼儿学习边唱歌曲《小草帽》边操作木偶做出场动作。

（2）引导幼儿有表情地朗诵故事《猴子学样》中卖帽人和猴子的对白以及学习操作木偶做相对应的动作。

（3）引导幼儿围绕故事情节，用完整、连贯的对白和相应的动作共同表演"猴子学样"故事情节。

【活动准备】

卖帽人木偶1个，猴子木偶4个，帽子5顶，篮子1只（或挑子1副）。

【活动过程】

（1）教师操作木偶，边唱歌曲《小草帽》边示范卖帽人挑着帽子，然后来到大树前休息等动作出场。

（2）辅导幼儿操作木偶，练习出场动作。

（3）放音乐，让幼儿边唱歌曲《小草帽》边操作木偶做出场动作，提醒幼儿要注意到当时天气比较热，卖帽人很累想找个地方休息。

（4）引导幼儿有表情地朗诵故事《猴子学样》中卖帽人和猴子的对白。

（5）先由教师操作木偶示范做故事中相应的动作。如猴子拿帽玩、挥手、抓耳挠腮……然后由幼儿操作木偶练习。

（6）教师指着挂图，让幼儿围绕故事情节，用完整、连贯的对白和相应的动作共同表演"猴子学样"这个情节。

（7）放音乐，让幼儿操作木偶，根据故事情节完整地表演"猴子学样"。

早发白帝城

【活动目标】

（1）理解歌曲中歌词表达的意思，学习用传统民间特色的曲调学唱歌曲。

（2）愿意大胆运用表情、动作表达自己的想法。

（3）和着节拍看指挥演唱，体验与同伴合作歌唱的快乐。

【活动准备】

（1）课前学会诗歌。

（2）歌曲音频、音响设备。

【活动过程】

（1）稳定情绪练声。

（2）幼儿学唱新歌。

① 提问幼儿是否已学会诗歌，并有表情地朗读。

② 幼儿欣赏新歌，倾听乐曲的曲调。

③ 幼儿学唱新歌，唱准音调。

④ 幼儿在教师的引导下，带表情演唱歌曲，根据歌词内容按乐句创编相应的表情动作。

⑤ 个别幼儿表演唱，体验与同伴合作歌唱的快乐。

（3）活动结束。

① 小结。

② 幼儿听音乐像小鸟一样"飞"出活动室。

附：古诗

早发白帝城

朝辞白帝彩云间，千里江陵一日还。

两岸猿声啼不住，轻舟已过万重山。

木偶戏打击乐

【活动目标】

（1）指导幼儿认识木偶戏中的各种打击乐器，知道它们发音的特色。

（2）初步领会敲打动作的要领，根据简单的戏曲演奏。

（3）感受木偶戏打击乐的乐趣。

【活动准备】

锣、鼓等各种打击乐器。

【活动过程】

（1）组织教学、安定情绪。

（2）复习演唱歌曲。

（3）学习新课。

① 介绍幼儿认识各种乐器，教师示范动作，让幼儿知道乐器发出声音的特色。

② 打击乐在戏剧表演中的地位："一台锣鼓半台戏"。

③ 打击乐在戏剧中的作用：烘托舞台气氛、助推剧情发展、刻画人物性格、反映人物情绪。

（4）教幼儿如何敲打乐器。

（5）幼儿练习敲打乐器。

（6）教师播放音乐，指挥幼儿表演。

（7）表扬敲得好的幼儿。

【活动延伸】

幼儿在爸爸妈妈的协助下，了解常见的木偶戏锣鼓的曲牌及用途，以提高幼儿对传统木偶戏打击乐的兴趣和知识积累。

二、中班木偶教育活动设计

（一）木偶教育语言活动设计

1. 童谣·游戏

炒黄豆

【活动目标】

（1）学会朗诵儿歌《炒黄豆》。

（2）培养幼儿乐于和小朋友一起玩童谣游戏，感受合作游戏的快乐。

（3）通过游戏，增强幼儿动作的协调性、灵敏性。

【活动准备】

课前认识炒黄豆，幼儿有过与其他伙伴两两合作游戏的经验。

【活动过程】

（1）教师与幼儿一起大声朗读儿歌。

（2）教师示范讲解游戏程序与规则。

（3）教师让幼儿自己选择一个伙伴，组成一组。

（4）幼儿两人一组，手拉手相对站立。游戏开始，两个幼儿一起朗诵儿歌："炒、炒、炒黄豆，炒完黄豆翻跟头"。边朗诵儿歌边做动作，朗诵"炒、炒、炒黄豆"时，两只手臂有节奏地左右摆动，朗诵"炒完黄豆翻跟头"时，两个幼儿同时举起拉着的手，两人的头同时从举起的手臂下面钻过去，并连续翻回来，继续面对面站立。

（5）教师提醒幼儿在游戏时要拉紧同伴的手，钻的方向要一致，才能完整地完成游戏。要注意两人同步动作，防止幼儿受伤。

附：童谣

炒黄豆

炒、炒、炒黄豆，炒完黄豆翻跟头。

木偶戏

【活动目标】

（1）能用化州方言有节奏地朗读。

（2）了解木偶戏的表演特色和木偶戏的唱法。

（3）体会木偶戏的趣味性。

【活动重难点】

用化州方言读和唱木偶戏。

【活动准备】

木偶、木偶戏视频。

【活动过程】

（1）谈话导入：小朋友，你喜欢看动画片吧！很早的时候，有一种戏的表演就像动画一样非常有趣，我们一起来看一看。

（2）观看木偶戏视频，了解木偶戏"偶演人唱"的特点，感受木偶戏的乐趣。

（3）学习朗读儿歌《木偶戏》。

（4）教师先示范木偶戏的读、唱。

①白榄法。

②化州山歌法。

③化州鬼头戏。

（5）每种方法教师都带读、唱一遍，让幼儿欣赏和感受。

（6）教幼儿用白榄法读唱儿歌。

①教师带全体幼儿读两遍。

②分组读。

③个别幼儿读。

（7）教师小结学习情况后，全体幼儿诵读儿歌。

附：童谣

木偶戏1

生旦净丑角色分，假人假景感情真。

锣鼓热闹故事好，偶演人唱戏天成。

木偶戏2
小小舞台大戏份，偶演人唱够逼真。

角色常换故事好，人偶合演戏天成。

点兵兵

【活动目标】

（1）指导幼儿理解童谣的意思及游戏的程序和规则。

（2）激发幼儿的想象力，大胆仿编童谣。

（3）指导幼儿用化州方言朗诵童谣，引导幼儿感受本土方言童谣的乐趣，激励幼儿喜爱本土方言童谣。

【活动准备】

多个木偶、多座木偶舞台。

【活动过程】

（1）谈话导入，激发幼儿对童谣的兴趣。

提问：你们听过爷爷奶奶讲以前的童谣吗？我们化州有很多童谣，今天，老师跟你们学一个本地童谣，也是一个游戏呢！

（2）引导幼儿欣赏童谣，初步了解童谣内容。

教师首先用化州方言唱读童谣，然后指导幼儿用化州方言唱读童谣，让幼儿对童谣有初步的整体感知。

（3）根据这首童谣仿编童谣。

引导幼儿根据这首童谣变换角色编成另一首童谣。

（4）木偶表演童谣。

视班内幼儿多少把幼儿分成多组，教师示范玩法并说明游戏规则：每组一个幼儿拿木偶点"兵"和"贼"，其他幼儿做"兵"和"贼"。点到谁，谁就跑，木偶就追，抓到的就输，角色轮流玩。

【活动延伸】

小朋友回家念童谣给爸爸妈妈听，并和他们玩游戏。

附：童谣

点兵兵

点兵兵，点兵兵，点到乜谁去当兵？

点贼贼，点贼贼，点到乜谁去做贼？

点指兵兵睇个乜谁去当兵？

点指贼贼睇个乜谁去做贼？

拍手掌

【活动目标】

（1）引导幼儿读唱童谣，理解童谣内容。

（2）指导幼儿能够用手、脚一边拍节奏，一边读唱童谣。

（3）引导幼儿感受童谣的乐趣，激励幼儿乐于参与游戏。

【活动准备】

童谣PPT，童谣音乐，咸鱼、沙姜、酒糟等童谣内容图片，小客人妮妮图片。

【活动过程】

（1）教师出示小客人妮妮的图片，引起幼儿兴趣。

教师：今天有一位客人妮妮到我们化州来做客，我们应该怎样欢迎她呢？（让幼儿自由讨论）

教师：小朋友们都很高兴，拍掌欢迎，还说要到菜市场买菜做大餐给妮妮吃哦！让我们一起去菜市场找一找，看看都有些什么，看看有没有特别好吃的化州特产呢？

（2）教师出示童谣PPT，让幼儿熟悉咸鱼、沙姜、甲由、酒糟、禾镰等。请幼儿跟读童谣，让幼儿理解童谣内容。

（3）引出童谣。

教师：今天我们到菜市场买了很多菜，我们可以用一首童谣把它唱读出来，这个就是我们非常有趣的化州童谣，请小朋友们跟着童谣音乐一起来唱读吧！

（4）指导幼儿有节奏地拍手、跺脚、唱读童谣。

教师：小客人妮妮也很喜欢这首童谣，想请小朋友们教教她！

教师请幼儿集体，大小声，个别带读，让幼儿感受童谣欢快的节奏。

（5）教师进一步讲解童谣。

教师：这首童谣在我们化州流传很广，以前的人们基本都会读唱，人们把这些好玩有趣、朗朗上口的童谣教给自己的孩子，是为了让小朋友们记得我们化州的地方童谣，也是为了让我们的小朋友们更加爱自己的家乡！

（6）游戏"谁的眼睛最亮"。

教师出示童谣图片，让幼儿抢答是童谣的哪一句，如出示咸鱼图片，幼儿要用"买咸鱼，咸鱼香"来回答，答对的大力表扬！让幼儿感受到童谣的乐趣！

【活动延伸】

（1）请幼儿回家后跟爸爸妈妈分享今天学习的童谣，全家一起读唱并拍视频分享给班上其他的小朋友。

（2）请幼儿在家里和爸爸妈妈一起继续收集更多好玩的化州童谣，并记录下来。

附：童谣

拍手掌

拍手掌，买咸鱼，咸鱼香，买沙姜，沙姜辣，买甲由，

甲由臭骚，买酒糟，酒糟甜，买禾镰，禾镰利，割到你只大笨鼻！

2. 童话·故事

爱笑的向日葵

【活动目标】

（1）理解故事的主要内容，指导幼儿能基本完整、流畅地讲出故事的主要情节。

（2）掌握操作布偶的技巧，能够用布偶表演。

（3）激发幼儿对自然的好奇心，引导幼儿树立热爱、保护自然的意识。

【活动准备】

《爱笑的向日葵》教学PPT、布偶、卡纸、木偶舞台。

【活动过程】

（1）观看故事PPT，讲述故事，与幼儿形成互动交流。

① 观看PPT，自由讲述。

教师：小朋友们，你们喜欢听故事吗？老师今天给大家讲一个有趣的故事。小朋友们要认真听，老师讲的是谁的故事？故事发生在哪里？故事中发生了什么事？大家都看一看、想一想，和你旁边的小朋友说一说。

② 在教师的引导下逐一观看PPT并理解故事的内容。

（2）教师启发幼儿讲述故事内容。

（3）猜测、讲述故事的结尾。

① 分析小熊的行为是否正确。

② 观察图片并讲述。

教师：在这个故事中，小熊一开始是怎么做的？最后又是怎么做的？我们一起来看一看、说一说。

（4）师生共同完整地讲述故事。

邀请四名幼儿，在教师的指导下分别扮演小熊、山羊伯伯、熊妈妈、向日葵等，进行故事表演。然后指导幼儿操作布偶，分角色在木偶舞台上表演。

【活动延伸】

师生共同制作美工作品——向日葵。

附：童话故事

爱笑的向日葵

公园里有朵漂亮的向日葵，看到小熊走来，就对着小熊笑眯眯的。

小熊围着向日葵边拍手边转圈，"真漂亮！真漂亮！"

向日葵还是笑眯眯的，不说话。

小熊伸出小手，要采这朵向日葵。

山羊伯伯看见了，连忙摆摆手说："小熊别采！你看，它总是对你笑，你要是把它采下来，向日葵就要哭了。"小熊不想看到向日葵对它哭，没有采。

这时，向日葵笑得更欢了，随着风跳起舞来。

"小熊，回家了！"远处传来了小熊妈妈的声音。

小熊回家以后，告诉妈妈："公园里有一朵向日葵，很乖很乖，一直对我笑。"

妈妈说："小熊也很乖，你也是朵爱笑的向日葵。"

爱旅行的小象

【活动目标】

（1）指导幼儿理解故事的主要内容，并能基本完整地复述故事。

（2）通过本次活动，引导幼儿主动、正确地使用文明礼貌用语。

（3）让幼儿学会与人见面时的相关礼仪，感受友好同伴、礼貌待人的传统美德。

【活动重点】

指导幼儿了解什么是文明礼貌用语，使用文明礼貌用语会给我们带来哪些帮助。

【活动难点】

如何让幼儿熟练掌握文明礼貌用语，并能够主动正确应用。

【活动准备】

文明礼仪的相关课件、文明礼貌用语的图片、礼仪小明星的绶带、《爱旅行的小象》动画片、小象布偶、猫大姐布偶、黄牛伯伯布偶、山羊爷爷布偶。

【活动过程】

（1）教师指导幼儿观看动画故事。

在动画故事看到一半的时候，教师要提出相应的问题请幼儿讨论，体会故事中小象的语言变化。"小象开始时是怎样问路的？"

（2）引导幼儿学习使用文明礼貌用语。

幼儿用文明礼貌用语各说一句话。如："请你和我一起做游戏好吗？""老师您辛苦了。""我们谢谢老师为我们发了这么好看的书。""老师早上好。""老师再见了。"

（3）教师与幼儿互动讨论：当自己遇到困难，向别人求助时，我们应该怎么说？

（4）幼儿之间自由讨论：生活中什么时候还会用到文明礼貌用语呢？如买东西时、吃饭时、坐车时、做游戏时、上课时、家里来客人时等。

（5）用情景表演的形式让幼儿巩固文明礼貌用语的使用。

①播放文明礼仪课件，要求幼儿仔细观察。

② 教师逐一讲解文明礼貌用语图片的内容及使用方法。

③ 将文明礼貌用语图片贴在活动室周围的墙面上，帮助幼儿自由地进行情景表演练习。

④ 幼儿自由组合，根据故事中的情节，在教师的指导下，分别进行情景表演。

⑤ 在教师的指导下，选择幼儿操作布偶，在木偶舞台上表演故事。

⑥ 教师在表演中选出礼仪小明星，授以绶带，并鼓励幼儿在生活中多用文明礼貌用语。

附：童话故事

爱旅行的小象

有一只特别爱旅行的小象，它听说大森林里有个百花盛开的香香谷，都说那里可美了！小象非常想去香香谷看一看。

这一天，小象一大早就背上背包出发了。森林真大，走着走着，坏了，小象迷路了。小象向四周看一看，咦？这不是猫大姐吗？它连忙跑上前去问道："喂，香香谷在哪里？"猫大姐很生气，"这是哪家的孩子，一点礼貌也不懂！"猫大姐没说话，只是摇了摇头。

小象又看到了黄牛伯伯，它马上走过去问路："喂——"还没等小象问出后面的话，黄牛伯伯就一扭头走开了。

大家都不理睬小象，小象坐在树下大哭了起来。它哭得正伤心的时候，山羊爷爷从它身边路过，慈祥地对它说："孩子，问路要有礼貌，得先问好，最后还要说谢谢。"然后，山羊爷爷告诉了小象去香香谷的路。小象听后，连忙向山羊爷爷说："谢谢你，山羊爷爷。"

小象按照山羊爷爷说的路线走，很快就找到了美丽的香香谷。

小白兔照镜子

【活动目标】

（1）引导幼儿知道分享能交到更多的朋友。

（2）引导幼儿愿意将自己的玩具、零食等与其他幼儿一起分享。

（3）引导幼儿体会并喜欢与其他幼儿分享而带来的快乐情感。

【活动准备】

音像播放设备、《小白兔照镜子》动画故事视频、好习惯宝宝贴画、图书、零食、玩具若干。

【活动过程】

（1）播放动画故事视频，提示幼儿要注意故事里都有谁，发生了什么事。

（2）讲解故事，指导幼儿理解故事内容。然后通过提问导入主题。

① 教师：小朋友们，小动物们为什么都走了？

② 教师：小朋友们，故事中小白兔捡到一面漂亮的镜子，其他小动物都很好奇，可是小白兔却不肯和大家一起分享，大家都失望地回家了。小白兔以为湖面也是一面漂亮的镜子，掉到水里去了，最后还是其他小动物把它救起来的。小白兔最后学会了分享！那么，小朋友们，你们愿意把自己的东西和别人分享吗？

（3）通过教师进一步提问，启发幼儿进行思考。

① 故事中的小白兔开始是怎样对待朋友的？

② 后来发生了什么事？小白兔学会分享了吗？

③ 小朋友们以后应该怎样与好朋友一起分享？

（4）教师通过启发，与幼儿形成互动交流，引导幼儿就之前提出的问题进行回答，再鼓励幼儿互相交换各自的看法，引导形成讨论。

（5）教师再次通过对故事的讲解，结合幼儿的发言，阐述如果幼儿希望交到更多的好朋友，就应该学会与伙伴们分享，而且，在分享的过程中，不仅收获了友谊，也收获了快乐。

（6）教师通过出示两张图片并讲述图片故事，让幼儿判断对错，并说明原因。然后，教师结合展示图片进行总结。重点向小朋友灌输"分享本身就是件快乐的事，因此，分享就是在分享快乐"这一思想。

（7）由教师分组，指导幼儿进行分享游戏。教师给每组发一件物品，鼓励幼儿与同伴分享自己的东西。

【活动延伸】

小朋友们除了要跟好朋友分享快乐以外，还要跟爸爸妈妈分享自己在幼儿园的快乐。日常生活中鼓励幼儿多与同伴分享自己的东西，要求家长配合幼儿的教育，将分享的习惯养成延续至家庭中落实。

附：童话故事

小白兔照镜子

早上，太阳升起来了，在幽静的林荫小道上，小白兔正在自由自在地散步。突然，小白兔发现路边有一件东西在闪闪发光。小白兔赶紧跑过去，一看，啊！原来是一面美丽的小镜子。小白兔捡起来，对着小镜子一照，看见镜子里的自己长着一对长长的耳朵，一双红红的眼睛，一身软软的白毛，好漂亮啊！

小白兔高兴地一边蹦跳，一边大叫："看，我捡到了一面美丽的小镜子！"

小山羊走过来说："让我照一照吧。"

"哼！你昨天偷吃了我的胡萝卜，我才不给你照。"

小猪走过来说："让我照一照吧。"

"哼！你不讲卫生，饭前不洗手，会弄脏我的小镜子，我才不给你照。"

小狗说："你让我照一照吧。"

"哼！你晚上'汪汪汪'地乱叫，吵得我睡不好觉，我才不给你照。"

小牛说："给我照照行吗？"

"哼！你笨手笨脚的，会打碎我的小镜子，我才不给你照。"

小山羊、小猪、小狗、小牛都垂头丧气地走了。

小白兔独自拿着镜子往家里走去，走着走着，咦？前面有个好大好大的镜子啊，能照出天上的白云、小鸟，能照出路边的绿树、红花。小白兔往前紧走了几步，那个平躺在地面上的大镜子也照出了自己——一只漂亮的小白兔。

小白兔高兴极了，忍不住就上前伸手去拿，谁知"扑通"一声，这哪里是镜子，分明是一口池塘。小白兔掉进了池塘里。

小白兔惊慌地大喊道："救命啊！救命啊！快来救救我啊！"

小山羊、小猪、小狗、小牛听到喊声，纷纷跑过来，大家同心协力把小白兔救了上来。

小白兔难为情极了，羞愧地低下头，拿出小镜子对大家说："刚才都是我不好！你们都来照照小镜子吧！"

大家都原谅了小白兔，又成了好朋友！

3. 民间风俗·民间故事

吃年例

【活动目标】

（1）让幼儿跟读儿歌，整体理解儿歌内容。

（2）了解茂名年例风俗活动。

（3）感受吃年例的气氛，萌发热爱家乡的情感。

【活动准备】

有关茂名年例风俗的照片，年例的丰盛菜肴，看大戏、祭祀、看花灯、家人团聚的图片，视频《茂名年例》，歌曲《L你食年例》。

【活动过程】

（1）教师出示年例菜肴图片提问，引起幼儿兴趣。

导语：小朋友，在我们茂名过年有一个很特别的风俗，就是要吃很多好吃的，每一个地方都会有，你们知道是什么吗？（吃年例）

（2）讨论了解年例。

① 提问：我们茂名人为什么要做年例呢？

小结：做年例是为了让亲朋好友团聚在一起，叙叙旧，拉拉家常，回忆过去，展望未来，意义非凡！所以基本家家户户都会做，而且热闹非凡！代代相传，很有价值！已经列为非物质文化遗产，受到越来越多的关注！

② 教师出示儿歌并带读儿歌：清茶薄酒一杯碰，叽叽喳喳话家常，当年年例味浓厚，如今年例味更香。

提问：儿歌里有什么内容？

③ 小朋友跟读，然后分小组读，男女生读，让幼儿熟悉儿歌内容。

（3）让幼儿观看视频《茂名年例》。

提问：旧时代和新时代的年例有什么不同？

小结：旧时代年例的菜肴和活动都没有现在这么多，现代的年例菜肴丰盛，活动丰富多彩。但年例的意义一直不变，就是克服各种困难回到故乡与家人团聚，不忘故土，不忘亲朋好友！

（4）欣赏茂名本地歌曲《L你食年例》，跟唱有趣的副歌部分。

（5）教师总结。

今天我们不仅学习了儿歌《吃年例》，还知道了茂名年例非凡的意义，小朋友们也要学会珍惜与家人在一起的时光。

【活动延伸】

鼓励幼儿回家找爸爸妈妈了解一下他们小时候是怎样吃年例的，有什么特别难忘的地方。请幼儿回家和家人到网上收集有关吃年例活动的图片，然后打印出来分享给班上的小朋友，加深他们对年例的认识。

附：童谣

吃年例

八仙桌子四方方，大鱼大肉大家尝。

水果糖果桌上摆，有鸡有酒有靓汤。

香芋扣肉牛腩粉，烤猪烧鹅用盆装。

去年年例味道浓，今年年例味更香。

拖罗饼的来历

【活动目标】

（1）通过了解故事的内容，指导幼儿知道拖罗饼的来历。

（2）指导幼儿懂得拖罗饼在中秋节的象征意义，也要指导幼儿了解拖罗饼在本土文化中的影响。

（3）指导幼儿能够使用流畅的语言讲述故事的基本内容。

【活动准备】

拖罗饼（大铁盒包装、纸盒包装）、月亮图片、音乐等。

【活动过程】

（1）出示月亮图片，引导幼儿说出中秋佳节这个传统节日，并通过出示不同的拖罗饼，激发幼儿学习的兴趣。通过提问导入主题。

①小朋友，你们吃过拖罗饼吗？味道怎样？

②拖罗饼是什么颜色的？谁能把拖罗饼的形状说一说？

③你们想知道拖罗饼的来历吗？

（2）教师讲解故事内容，让幼儿了解拖罗饼的特点和来历。

（3）教师引导幼儿复述故事内容。

（4）播放音乐，教师和幼儿在欢乐的氛围中品尝美味的拖罗饼。

【活动延伸】

鼓励幼儿把拖罗饼的特点和来历讲给家长听。

附1：民间故事

传说，在唐代，化州城（当时叫石龙城）有一男子名叫亚罗，20多岁就以做饼为业，每天担着自制的酥饼敲着铜锣到城区沿街叫卖，叫卖声和铜锣声拖得特别长。人们一听到锣声，就说："亚罗饼来了。"时间长了，大家就将他的这种饼叫"拖罗（锣）饼"。这一年的中秋节，亚罗家里来了很多客人，由于家里穷，没有什么招待客人，亚罗就做了很多饼让客人带回去吃，大家都觉得这种圆圆的拖罗饼很好吃。后来每逢中秋的时候，大家都会去亚罗家买饼吃，象征着中秋节一家人团团圆圆。随着拖罗饼越来越受化州人的喜爱，化州之外的人们也开始逐渐喜欢这种美食，拖罗饼现在已经成为化州的一张美食名片，成为化州的特产。

附2：关于拖罗饼的古诗名句

小饼如嚼月，中有酥与饴。——苏轼（宋）

情深饼相望，锣响人团圆。——陈鉴（明）

4. 古典诗歌

<h2 style="text-align:center">劝　学</h2>

【活动目标】

（1）引导幼儿理解古诗内容，能够完整背诵这首古诗。

（2）初步感受木偶戏中古诗念白的韵律，并学会按韵律朗读诗歌。

【活动准备】

诗歌挂图、音像设备、视频音频资料、木偶数个。

【活动过程】

（1）播放视频资料，让幼儿了解传统木偶戏中的念白韵律以及用木偶戏念白的形式朗诵古诗的特点。

（2）教师有感情地示范朗诵一遍诗歌，然后出示诗歌挂图让幼儿观察，并结合挂图引导幼儿理解诗歌内容。

（3）播放配乐诗歌，展示相应的木偶，让幼儿欣赏诗歌多遍，重点让幼儿感受古诗朗诵的节奏和韵律。

（4）指导幼儿学习朗读诗歌，并打节奏。

① 注意大声朗读。

② 注意重音字拖声的长短，以掌握节奏。

③ 注意随节奏的变化调整朗诵的感情，以表现古诗的韵律。

（5）幼儿完整欣赏诗歌。

（6）依次引导幼儿独自朗诵，并给予点评和指导。

（7）指导幼儿一边操作木偶表演，一边朗诵古诗。

① 注意木偶表演的动作节奏与古诗朗诵的节奏一致。

② 通过操作木偶表达古诗的节奏，促进幼儿对古诗朗诵韵律的理解和把握。

附：古诗

劝 学

三更灯火五更鸡，正是男儿读书时。

黑发不知勤学早，白首方悔读书迟。

清 明

【活动目标】

（1）了解古诗的内容，能够完整地欣赏一段戏曲。

（2）感受古诗的韵律，学会按韵律朗读古诗。

【活动准备】

挂图、音响设备、音频资料。

【活动过程】

（1）复习上节课内容，听一遍录音，集体朗读一遍，着重引导幼儿对古诗朗诵节奏及韵律的感受。

（2）讲授本节古诗。

① 教师有感情地示范朗诵一遍诗歌，然后出示诗歌挂图让幼儿观察，并结

合挂图指导幼儿理解诗歌内容。

② 播放配乐古诗朗诵音频，教师展示相应的木偶，配合古诗朗诵的节奏和韵律让木偶做出相应的动作。让幼儿欣赏诗歌两遍，既是引导幼儿进一步熟悉古诗的内容，又是指导幼儿感受古诗的节奏和韵律。

③ 指导幼儿学习朗读诗歌，引导幼儿边朗诵边打节奏。

④ 幼儿完整欣赏诗歌。

⑤ 依次指导幼儿独自示范朗诵。

⑥ 指导幼儿操控木偶进行舞台朗诵表演。

附：古诗

清 明

清明时节雨纷纷，路上行人欲断魂。

借问酒家何处有？牧童遥指杏花村。

（二）木偶教育美术活动设计

胡须（撕贴）

【活动目标】

（1）学习将长方形的纸剪成条状。

（2）培养幼儿小肌肉动作的准确性。

（3）培养幼儿细心认真的态度。

【活动准备】

（1）老生木偶一个。

（2）黑色蜡光纸，画好的老生面谱每名幼儿一套。

（3）糨糊、抹布。

（4）幼儿已有做手工撕面条的操作经验。

【活动过程】

（1）教师表演一段老生木偶戏，表演完毕，取下老生的胡须，引起幼儿兴趣，导入主题。

教师：今天的表演有很多老生的角色，每位老生都需要制作胡须，我们一起来帮帮忙，好吗？

（2）示范胡须的撕法。

教师：我们已经学过撕面条了，胡须怎么撕呢？拿着长方形的蜡光纸，先在长的一条边上折出一条边，然后在折出边的下部分按撕面条的方法，一条一条地撕成胡须状。

（3）示范粘贴方法。

① 出示老生面谱纸。

② 把撕好的胡须蘸上糨糊（粘在折出的边上），然后粘贴在面谱的上唇上至两耳根的位置。

（4）幼儿独自操作，教师巡回指导（如果个别幼儿的确撕不整齐，可由教师指导改用剪刀剪成所需要的须须状）。

（5）结束部分。

展示作业，讲评，对表现优秀的幼儿给予表扬，对其他幼儿给予鼓励。

刀、剑（泥工）

【活动目标】

（1）用团、搓、压的方法塑造木偶的刀、剑。

（2）提高幼儿的观察能力和动手能力。

（3）培养幼儿细心认真的态度。

【活动准备】

木偶戏图片、橡皮泥、压板。

【活动过程】

（1）让幼儿欣赏图片，仔细观察木偶用的道具，了解不同道具兵器的名称，区分刀、剑、枪的不同。

（2）教师示范刀的做法，先做刀柄，用棕色橡皮泥捏出柄的形状，再做出刀刃部分，然后用牙签将两头连接。

（3）示范后，让幼儿自己动手，告诉幼儿如果一人做不到，可以和同伴合作，要团结，互相帮助。

（4）评价作品，结束活动。

① 请幼儿展示自己的作品，介绍自己的作品，分享一下做道具的心得。

② 请幼儿拿着道具表演一下木偶戏里的某个片段。

【活动延伸】

结合完成的兵器道具和木偶戏中常见的其他道具兵器，讲解这些道具兵器在木偶戏中的应用特点，最大限度地指导幼儿了解传统木偶戏道具兵器的应用以及对表现人物性格特点的作用。

（三）木偶教育音乐活动设计

关于木偶在幼儿园音乐教育中的价值，《幼儿园教育指导纲要（试行）》中提道："充分利用自然环境和社区的教育资源，扩展幼儿生活和学习的空间。"幼儿园应综合利用各种教育资源，共同为幼儿的发展创造良好的条件。通过木偶戏的音乐教学能够让幼儿在操作中感知音乐、理解音乐、表现音乐，培养幼儿的感悟、理解、想象与创造能力，促进幼儿审美感受的全面提高。

沉香救母

【活动目标】

（1）观看木偶戏，初步了解木偶戏的结构和所表现的内容。

（2）了解传统木偶戏的音乐特征和演唱特征。

（3）通过观察木偶在戏曲音乐的伴奏下走路和手操作的动作，领会木偶戏的表演技巧。

【活动准备】

影像播放设备，木偶戏《沉香救母》选段。

【活动过程】

（1）出示木偶，启发幼儿兴趣，导入本课主题，介绍木偶戏的来源和表演特色。

（2）教师为幼儿示范演唱剧中选段，指导幼儿体会戏剧演唱与歌曲演唱的不同，重点是变声（假嗓）唱法的特点。为幼儿示范戏曲念白，认识其与之前课堂中配乐古诗朗诵的共同点和不同点。本阶段并不要求幼儿能完成戏剧的演唱和戏剧念白表演，重在感知其艺术特征。

（3）指导幼儿观看木偶戏《沉香救母》的片段，观看完毕后，教师介绍内容，讲解是怎样表演的，秦观保、沉香、秋儿在争打时的动作、唱调，幼儿边看边记住动作。

（4）由教师操作木偶，为幼儿示范木偶戏中的舞台动作，加深幼儿对木偶戏舞台动作的了解。

（5）幼儿跟着节奏创编动作。

（6）活动结束。

【活动延伸】

要求幼儿的爸爸妈妈配合幼儿园，在家找恰当的时机与幼儿一同欣赏传统木偶戏折子戏或选段表演，旨在引导幼儿对木偶戏的兴趣爱好，以及加深对传统木偶戏表演艺术特点的了解。

慢吞吞的小熊

【活动目标】

（1）指导幼儿初步学会用木偶表演动作，并能表现出小熊慢吞吞的动作。

（2）引导幼儿探索如何运用脸部表情和动作与他人交往。

（3）培养幼儿边唱边用木偶表演动作。

【活动准备】

熊妈妈、小熊木偶。

【活动过程】

（1）指导幼儿听音乐演唱歌曲，边唱边打出2/4拍和3/4拍的节奏。

（2）教师出示木偶，表演木偶熊走路的动作，幼儿观看并领会操作的动作。

（3）引导幼儿跟教师学小熊走路的动作，并手把手教幼儿操作木偶，初步领会操作木偶的动作要领（右手握木偶的身体部分，左手舞动，表现木偶手的甩袖动作，并且右手的大拇指对正自己的鼻子）。

（4）幼儿边唱歌边跟教师表演木偶的动作（将全班幼儿分成两组，分别扮演"小熊"和"熊妈妈"）。

（5）请两名幼儿进行表演。在地上画两条直线表示小木桥，"小熊"在两条线中间走，表示正在过桥，操作木偶时动作要慢，要表现出慢吞吞的动作。"熊妈妈"站在两条线的另一端进行表演，"熊妈妈"的动作不是像"小熊"的慢吞吞。

（6）教师播放音乐，"熊妈妈"和"小熊"表演（操作木偶时要表现出小熊慢吞吞的动作），最后"熊妈妈"和"小熊"欢快地表演。两名幼儿表演后，组织其他幼儿进行评价，说出他们表演中的优缺点。

（7）请个别幼儿表演（操作木偶时要唱歌，表现出木偶角色的特点）。

【活动延伸】

到宽阔的场地，组织全体幼儿轮流操作小熊木偶，在音乐的配合下进行动作表演。

三、小班木偶教育活动设计

（一）木偶教育语言活动设计

1. 童谣·游戏

荔眼鸡

【活动目标】

（1）引导幼儿感受昆虫"荔眼鸡"的颜色美，了解"荔眼鸡"的生活习性。

（2）鼓励幼儿勇于表达自己的想法，能够大胆创编"荔眼鸡"的动作。

（3）引导幼儿感受化州方言童谣的优美，体验童谣带来的乐趣。

【活动准备】

"荔眼鸡"图片或视频，"荔眼鸡"童谣，小朋友手偶，木偶舞台。

【活动过程】

（1）出示图片，激发幼儿兴趣，导入主题。

教师：小朋友们，你们看这是什么？这是一种昆虫，学名叫"长鼻蜡蝉"，在化州方言里叫它"荔眼鸡"，亦称"龙眼鸡"。你们看，它是不是很漂亮？今天，我们学习一段化州方言童谣，就是说"荔眼鸡"和它的朋友，大家好好听一听，它的朋友是谁？

（2）播放童谣音频（或视频）。

（3）介绍"荔眼鸡"。

① 出示相关图片，进一步向幼儿介绍"荔眼鸡"的名称，让幼儿观察昆虫的色彩，引导幼儿体会颜色的美感。

教师：小朋友们，"荔眼鸡"身上有什么颜色？你们在平时还见过什么颜色的"荔眼鸡"？

②播放有关长鼻蜡蝉生长的视频，指导幼儿了解"荔眼鸡"的生活习性。

教师：小朋友们，"荔眼鸡"主要吃什么？它是害虫还是益虫？

（4）指导幼儿唱读童谣，创编动作。

①教师首先示范用化州方言唱读一遍童谣，然后教师唱读一句，让幼儿跟着唱读一句（做两遍）。

②教师引导孩子共同创编动作，边唱读边做动作。

（5）木偶表演，巩固内容。

教师指导幼儿表演，两人一组，一人用手偶扮演"荔眼鸡"，另一人用手偶扮演小朋友；一边唱读童谣，一边做动作表演角色。

【活动延伸】

要求幼儿回家后，在爸爸妈妈的配合下认识其他常见的昆虫，了解这些昆虫的学名及在化州方言中的名称。

附：童谣

童谣1

荔眼鸡，飞低低，毋捉我，我留低，乜谁捉我，我飞回归。

童谣2

荔眼鸡，飞低低，阿姨来，飞回归。

烂哭猫

【活动目标】

（1）指导幼儿较流畅地唱读童谣，理解童谣内容。

（2）鼓励幼儿表达自己的想法，大胆创编童谣的动作。

（3）启发幼儿感受本土童谣的优美，引导幼儿喜欢本土方言童谣。

【活动准备】

一幅孩子哭闹的图片和一幅孩子乖乖在家的图片、一段柔美的音乐、木偶、木偶舞台。

【活动过程】

（1）情境导入。

教师：小朋友们，爸爸妈妈上班去啦，小朋友在家里的表现怎么样呢？

出示一张孩子哭闹的图片，放一段柔美的音乐，教师随着音乐的节奏使用化州方言轻声唱读童谣，让孩子感受化州方言童谣的美感。

（2）理解童谣内容。

① 教师带领幼儿使用化州方言一句一句唱读童谣。

② 通过提问，引导幼儿加深对童谣内容的理解。

教师：这首童谣里的"烂哭猫"讲的是什么样的小朋友？爱哭的小朋友去换什么呢？最后换到糖果了吗？回到家妈妈看到这么爱哭的小朋友是高兴还是生气了？

教师：（先出示一幅孩子不哭的图片）爸爸妈妈上班了，小朋友在家不要哭不要闹，要做个懂事的乖宝宝。

（3）指导幼儿唱读童谣，共同创编动作。

男女生分组进行朗读，并引导幼儿共同创编动作。

（4）木偶表演童谣。

教师指导幼儿，两人一组，一人用手偶扮演宝宝，另一人用手偶扮演妈妈，共同表演童谣。

【活动延伸】

要求幼儿回家后，给爸爸妈妈表演今天学习的童谣，向爸爸妈妈学习他们小时候的化州方言童谣。

附：童谣

烂哭猫

烂哭猫，换糖胶，换矛到，回归被阿妈数。

烂哭猫，换糖胶，换矛到，留归被阿妈数。

舞狮子

【活动目标】

（1）引导幼儿喜爱童谣，启发幼儿感受童谣描写的欢快、喜庆的节日气氛。

（2）指导幼儿理解童谣内容，鼓励幼儿尝试参与狮子舞的动作学习和表演。

（3）了解舞狮子是传统节日的一种重要庆祝活动。

【活动准备】

经验准备：看过舞狮子表演。

物质准备：舞狮子表演视频、舞狮子道具、锣鼓。

【活动过程】

（1）谈话导入，激发幼儿参与活动的兴趣。

教师：小朋友们，你们看过舞狮子吗？在什么时候看过？引导幼儿完整欣赏童谣，感受童谣中表现的欢快情绪和节日的喜庆气氛。

提问：你们听完这首童谣觉得舞狮子是开心的事情吗？

（2）带领幼儿边看舞狮子视频边欣赏童谣，通过提问，引导幼儿理解童谣的内容。

教师：你们看到狮子是什么样的？人们什么时候会舞狮子呢？舞狮子的时候还会有什么道具来助兴？

（3）带领幼儿朗读诗歌，熟悉诗歌。

（4）指导幼儿表演舞狮子，感受喜庆的气氛。

选择几个幼儿舞狮子和敲锣打鼓，教师在旁边指导幼儿舞狮子的动作。

【活动延伸】

联系家长，请家长协助幼儿园，在家选择合适的时间，通过观看舞狮子的表演，引导幼儿了解舞狮有南北流派的分别，让幼儿初步了解南北派的舞狮形式的区别和特点。

附：童谣

舞狮子

狮子舞，真正好，翻跟头，扭扭腰，

大狮小狮抢绣球，敲锣打鼓真热闹。

两姐妹

【活动目标】

（1）指导幼儿熟练使用化州方言唱读童谣，感受学习童谣的快乐。

（2）指导幼儿灵活运用信封偶表演童谣，体会表演的乐趣。

（3）鼓励幼儿勇于表达自己的想法，尝试创编童谣。

【活动准备】

信封偶、木鱼。

【活动过程】

（1）出示"姐姐"与"妹妹"信封偶，操作信封偶与幼儿打招呼，以信封偶的口吻做自我介绍，激发幼儿参与活动的兴趣。

（2）引导幼儿欣赏童谣，初步理解童谣内容。

① 教师边敲打木鱼，边用化州方言唱读童谣，引导幼儿体会童谣的节奏感和化州方言的特点及美感。

② 教师用普通话讲述童谣内容，引导幼儿对比普通话与化州方言的差别。

③ 教师再次边敲打木鱼边唱读童谣，引导幼儿进一步加深对童谣内容的理解。

教师：小朋友们，童谣里的姐姐和妹妹在干什么？为什么只有姐姐和妹妹在家？

（3）指导幼儿学习唱读童谣。

① 由教师唱读一句，幼儿跟着唱读一句。反复数次，指导幼儿充分熟练唱读童谣。

② 由教师指导，将幼儿分组练习唱读童谣。

③ 教师敲打木鱼，幼儿跟随敲击节奏唱读童谣。

（4）指导幼儿操作信封偶表演，体验表演的乐趣。

① 引导幼儿自由组合分组，用信封偶表演童谣。

② 教师引导幼儿互相观摩表演，并做出点评。

（5）鼓励幼儿尝试模仿编唱类似的方言趣味童谣。

① 引导幼儿用日常生活的事情模仿编唱类似的方言趣味童谣。

② 边敲打木鱼，边唱读童谣。

③ 一边操作信封偶表演，一边唱读童谣。

附：童谣

两姐妹

两姐妹，定定睡，阿爸阿妈去开会，开到三更矛回睡，姐姐帮忙鹌细妹。

两姐妹，定定睡，阿爸阿妈去开会，买粒糖叫棍阿姐，阿姐矛要俾细妹。

橘红是个宝

【活动目标】

（1）指导幼儿了解化州特产橘红及其功效。

（2）指导幼儿顺畅地唱读儿歌。

（3）引导幼儿敢于大胆表达自己对儿歌的理解。

【活动准备】

化州特产橘红、音响设备、童谣音频、木偶、木偶舞台。

【活动过程】

（1）出示实物橘红，启发幼儿的兴趣，导入主题。

教师：小朋友们，这是什么？这就是我们化州的特产——橘红。小朋友们都吃过橘红吗？它的味道是怎样的？它有什么功效？（启发幼儿积极参与，勇于回答问题）

（2）引导幼儿学习唱读童谣。

① 播放童谣音频，让幼儿初步了解童谣内容。

② 教师示范唱读童谣，让幼儿进一步了解童谣内容的同时，重点感受童谣的唱读节奏。

③ 教师带领幼儿学习唱读童谣，同时配合以一定的动作和手势帮助幼儿记忆童谣。

（3）引导、鼓励幼儿创编新童谣。

教师：小朋友们，你们知道化州还有什么特产吗？我们能一起来创编诗歌吗？

笪桥黄瓜是个宝，

清甜脆口味道好。

大人小孩都喜欢，

清火解毒有奇效。

（4）木偶表演童谣。

播放童谣音频，指导幼儿操作木偶表演童谣。

附：童谣

橘红是个宝

橘红橘红是个宝，止咳化痰有奇效，

化州神药美名传，天下没人不知道。

2. 童话·故事

小马的新书

【活动目标】

（1）指导幼儿了解故事情节。

（2）鼓励幼儿述说故事内容并勇于表达自己的想法。

（3）引导幼儿在知道自己做错事时，要有承认错误并改正错误的勇气。

【活动准备】

与儿歌内容相符的图片，音响设备，《小马的新书》故事音频，手偶。

【活动过程】

（1）教师操作小熊手偶，以手偶的口吻跟幼儿打招呼，吸引幼儿兴趣，导入主题。

教师：小朋友们，大家好！我是小熊，今天我要给大家讲一个关于我和我的一个好朋友的故事，你们想听吗？

（2）播放故事音频，完整欣赏故事，然后通过提问，鼓励幼儿回答问题，引导幼儿加深对故事的了解。

教师：小熊的好朋友是谁？小马邀请小熊去它家里看它新买的书，但是小熊在看书的过程中遇到了什么麻烦？它不小心弄破书后是怎么做的？最后小熊认错了吗？

（3）分段欣赏故事，然后进一步通过提问要求幼儿回答，以加强幼儿对故事情节的理解。

①播放图片与录音——"小马新买了一本故事书……偷偷溜回家了。"

教师：小熊看书的时候发现"飞机"这两个字不认识后，它做了什么？它把书弄破后有和小马道歉吗？它是怎么做的？小熊不承认错误而是直接跑掉的做法对吗？你觉得应该怎么做？

②播放图片与录音——"小熊走后……我们一起把它粘好吧！"

教师：后来是谁带着小熊来认错了？小熊是怎么跟小马说的？小马是怎么回答小熊的？

（4）再次完整欣赏故事，继续通过提问，要求幼儿回答，进一步理解故事情节。

教师：小熊最后主动向小马承认错误，你觉得小熊勇敢吗？如果你像小熊一样做错了事情，会不会主动承认自己的错误？小马是怎样回答小熊的？它原谅小熊了吗？如果你的好朋友不小心弄坏了你的东西或者不小心做错了一些事，你会选择原谅他吗？会帮助他一起改正错误吗？

（5）重点讲述幼儿对待错误的态度。

如果自己做错了事情，需要主动、勇敢地承认自己的错误，寻求他人的原谅，并努力去改正错误。

（6）手偶表演，巩固故事内容。

邀请三位幼儿用手偶分别扮演小熊、小熊妈妈和小马，大胆地进行故事表演。

附：童话故事

小马的新书

小马和小熊是一对好朋友。

这一天，小马新买了一本故事书，于是就邀请小熊去家里一起看书。

小熊看着看着，发现书中"飞机"这两个字不认识，就在书上画起了记号，可是一不小心把书弄破了。小熊担心小马会生自己的气，没有勇气对小马说，就偷偷溜回家了。

小熊走后，小马发现自己的新故事书有一页被撕破了。小马正在想这是怎么回事，突然，当当当，门外传来了敲门声。小马打开门一看，原来是熊妈妈带着小熊来认错了。小熊低着头说："对不起，你的书是我不小心弄破的。"小马笑着说："没关系，我们一起把它粘好吧！"

两个好朋友把书粘好，又在一起高高兴兴地看书了。

胖胖拔牙

【活动目标】

（1）指导幼儿了解故事内容，能简单复述故事。

（2）启发幼儿大胆表达自己的看法并主动参与表演。

（3）鼓励幼儿建立勇敢、坚强的意志品质。

（4）引导幼儿培养良好的生活习惯。

【活动准备】

音像播放设备、《胖胖拔牙》故事视频、木偶、戏台。

【活动过程】

（1）要求幼儿展示自己的牙齿，从讲究口腔卫生开始引出今天的故事。

教师：小朋友们，让老师看看你们的牙，都白不白啊？我们每天早上起来和晚上睡觉前有没有刷牙啊？今天，我们就来讲一个有关牙齿的故事，大家要好好听哟！

（2）欣赏故事。

① 播放《胖胖拔牙》故事视频。

② 教师根据视频内容再给幼儿讲述一遍故事。

③ 教师通过提问，引导幼儿积极回答，以加深幼儿对故事的理解。

教师：我讲的是谁的故事？这个故事讲了一件什么事？听完这个故事，你们都想到了什么？我们从这个故事中学到了什么？看完这个故事，你们今后要注意些什么？

④ 再播放一次《胖胖拔牙》的故事视频。

（3）分组活动。

① 由教师指导，把幼儿分成四组，组内相互复述这个故事。教师巡回聆听、指导、点评。

② 分批选择幼儿上台操作木偶表演故事。

【活动延伸】

（1）鼓励幼儿：还知道什么有趣的故事？在这里讲给其他小朋友听。

（2）回家后，把《胖胖拔牙》这个故事讲给爸爸妈妈听。

附：故事

胖胖拔牙

胖胖是个聪明淘气的小男孩，但他不喜欢刷牙，可是又爱吃零食，就算是晚上睡觉时都要抱着零食吃。

一天晚上，胖胖睡觉前又躺在床上吃糖，一会儿，他嘴里含着还没有吃完的半块糖就睡着了！

第二天早上，刚睡醒的胖胖捂着嘴巴喊："妈妈，妈妈，你快来啊，我的牙好疼呀！"妈妈赶紧带着胖胖去看牙医。

医生给胖胖检查了牙齿，对胖胖说："你总喜欢吃零食，又不爱刷牙，有了蛀牙，要拔掉。"胖胖一听，害怕得哭了起来。可是没办法，胖胖还是强忍着眼泪把蛀牙拔掉了，医生夸他是个勇敢的小男孩。

胖胖说："我以后再也不吃那么多零食了，而且每天早晚都要刷牙。"

3. 民间风俗·民间故事

船家葫芦娃

【活动目标】

（1）初步理解儿歌的内容，了解船家葫芦娃的来历及葫芦的作用。

（2）初步学唱木偶戏，能大胆创编动作，表达自己的看法。

（3）感受木偶戏优美的旋律，体验与教师、同伴一起表演的乐趣。

【活动准备】

经验准备：对船家葫芦娃有一定的认识。

物质准备：音像播放设备、相关音像视频、葫芦或葫芦图片。

【活动过程】

（1）播放动画片《葫芦娃》的主题歌。

（2）教师出示葫芦，激发幼儿参与活动的兴趣，导入话题。

教师：小朋友们，你们见过葫芦吗？它长什么样子？葫芦有什么作用呢？

（3）引导幼儿欣赏木偶戏，感知木偶戏的旋律。

播放木偶戏视频，指导幼儿欣赏，感受木偶戏的旋律。通过提问，引导幼儿回答问题，增进幼儿对木偶戏内容的理解。

教师：这木偶戏好听吗？这个木偶戏讲的是什么事？戏里讲的故事让我们联想到什么？引导幼儿大胆表达自己的想法和感受。

（4）教师给幼儿讲解木偶戏的完整故事，介绍船家葫芦娃的来历以及相关的趣事。

（5）教师带领幼儿学唱木偶戏，引导幼儿体验学唱活动的乐趣。

① 教师再次播放木偶戏视频，引导幼儿整体感知木偶戏，进一步熟悉戏曲的旋律和节奏。

② 教师示范唱，幼儿跟着教师学唱木偶戏。

（6）幼儿集体演唱木偶戏，活动结束。

附1：民间风俗来历

船家葫芦娃

鉴江是化州的母亲河，在很久很久以前，就有一群人生活在鉴江江面上。因为他们长年生活在船上，以船为家，因此，后人称他们为"船家人"。船家人贪早摸黑地在江上捕鱼维持生活，大人们撑着小竹排，在江上捕鱼。

船家人大人每天要在江面上劳动，没有时间看管孩子，孩子们一般也就留在自己家的船上。大人们为了防止孩子掉到江里发现不了，都会给孩子背个大葫芦，孩子手脚上也都串个小葫芦。这样，孩子万一掉进水里，这葫芦就浮起来。在江上捕鱼的船家人一看到有葫芦浮起来，赶紧从四面八方赶过来救援。

附2：童谣

船家葫芦娃

身背大葫芦，手串小葫芦，

就算掉进水，葫芦也能浮。

4. 古典诗歌

绝 句

【活动目标】

（1）感受诗歌的韵律。

（2）初步了解《绝句》的意思，能够完整地欣赏一首戏曲。

（3）学会按韵律朗读诗歌。

【活动准备】

（1）木偶数个。

（2）诗歌挂图、音响设备、音频资料。

【活动过程】

（1）出示挂图，导入新课。

大家现在看见的这幅挂图，教师能用一首诗歌来表达图的内容，我们一起来听一听。

教师示范朗读一遍诗歌。

（2）教师讲解诗歌的大体意思，幼儿初步了解诗歌。

（3）幼儿听录音，教师展示相应的木偶角色。

（4）教师拿着木偶一边表演，一边教幼儿朗读。

（5）幼儿完整欣赏。

（6）请幼儿尝试边朗诵边表演。

附：古诗

绝 句

两个黄鹂鸣翠柳，一行白鹭上青天。

窗含西岭千秋雪，门泊东吴万里船。

望庐山瀑布

【活动目标】

（1）初步了解《望庐山瀑布》的意思，能够完整地欣赏一首戏曲。

（2）学会按韵律朗读诗歌，能操作木偶进行表演。

（3）感受诗歌中大自然的美，体验木偶表演的乐趣。

【活动准备】

（1）木偶数个。

（2）诗歌挂图、录音磁带。

【活动过程】

（1）出示挂图，教师示范朗读一遍诗歌。让幼儿观看瀑布视频，导入新课。

教师：说说你看见了什么。古人把这壮观的瀑布写进诗歌里，我们一起来听一听。

（2）教师讲解诗歌的大体意思，初步了解诗歌。

（3）幼儿听录音，教师展示相应的木偶角色。

（4）教师拿着木偶一边表演，一边教幼儿朗读。

（5）幼儿完整欣赏。

（6）请幼儿示范表演、示范朗读（尝试边朗诵边表演）。

采莲曲

【活动目标】

（1）感受诗歌的韵律。

（2）初步了解《采莲曲》的意思，能够完整地欣赏一首戏曲。

（3）学会按韵律朗读诗歌。

【活动准备】

木偶数个、诗歌挂图、音响设备、音频资料、莲花。

【活动过程】

（1）出示莲花，导入新课。

导语：你们知道老师手上拿的是什么吗？它是在哪儿开花的？让我们一起来听听这首诗歌就知道了。

（2）教师讲解诗歌的大体意思，幼儿初步了解诗歌。

（3）幼儿听录音，教师展示相应的木偶角色。

（4）教师拿着木偶一边表演，一边教幼儿朗读。

（5）幼儿完整欣赏。

（6）请幼儿示范表演、示范朗读（尝试边朗诵边表演）。

附：古诗

采莲曲

荷叶罗裙一色裁，芙蓉向脸两边开。

乱入池中看不见，闻歌始觉有人来。

（二）木偶教育美术活动设计

纸袋玩偶

【活动目标】

（1）学会制作纸袋玩偶的方法。

（2）发挥想象力，锻炼手指肌肉群的灵活性。

（3）愿意参与制作活动，体验制作纸袋玩偶的乐趣。

【活动准备】

（1）干净的纸袋若干个，纸袋里装有教师制作的各种动物的眼、嘴、耳。

（2）做好的样品纸偶（小白兔、小鸭、小花猫）。

（3）胶棒、水彩笔若干。

【活动过程】

（1）引出主题。

"小朋友还记不记得语言课老师讲的一个故事《上幼儿园》呀？""故事里都有谁呀？""我们把它们请出来好不好？"（教师逐一出示范例，让幼儿说出它们的名称）

教师示范用纸袋偶表演《上幼儿园》一次。

"小朋友，你们想不想和小动物一起表演呀？好！今天老师教你们制作这些可爱的小动物。"

（2）示范讲解。

① 告诉幼儿用纸袋做的小动物叫纸袋玩偶。

"小朋友，你们仔细看看这些可爱的小动物是用什么做的？"（纸袋）"对！这些叫纸袋玩偶。"

② 示范制作小花猫。

"把纸袋里的眼、嘴、耳等拿出来，先找到耳朵，贴在纸袋前口的另一端，左边贴一只，右边贴一只；贴好小猫的耳朵，再找眼睛贴在两只耳朵的下边，要注意两只眼睛不要离得太远，要贴在一条线上；最后贴上小猫的嘴；嘴应贴在两只眼睛中间的下面，然后用彩笔画上小猫的胡须，这样一只纸袋玩偶就做好了。"

③ 教师把手伸进纸袋，"喵，喵，看小猫多可爱！"告诉幼儿用这种方法还可以做出小白兔、小鸭子等小动物。

（3）幼儿制作纸偶，教师巡回指导。

（4）小结。

每个小朋友都做了一只纸袋玩偶，下课后可以分组表演《上幼儿园》了，你们高兴吗？

小花猫

【活动目标】

（1）学习用圆形、椭圆形、三角形画出小花猫的基本形体。

（2）能够保持画面整洁，发挥想象力，大胆表现小动物的特点。

（3）对小动物产生喜爱、爱护之情。

【活动准备】

（1）木偶小花猫一只。

（2）范例一幅。

（3）花纸、油画棒。

【活动过程】

（1）启发谈话，引起兴趣。

教师模仿猫的叫声："喵！喵！"问：谁在叫？出示木偶小花猫，引导幼儿观察猫的外形特征。

（2）出示范例，让幼儿观察坐着的小花猫各部分是什么图形画成的。

（3）示范讲解作画步骤，先画圆圆的头，两只三角形的耳朵，两只大大的眼睛，小小的鼻子和嘴巴；再画椭圆形的身子，在身子的旁边画上像钩子一样的尾巴；最后给小猫画上美丽的花纹。

（4）幼儿作画，教师巡回指导。

①指导幼儿注意头和身体的比例。

②鼓励幼儿为小花猫添画上铃铛和简单的背景。

③作画时，要求幼儿保持画面整洁。

（5）评价，结束活动。

（三）木偶戏音乐活动设计

四个好朋友

【活动目标】

（1）了解《四个好朋友》故事情节，能够有表情地朗诵故事。

（2）能操作木偶饰演角色，表演故事。

（3）在《四个好朋友》木偶表演中享受交流、合作的快乐。

【活动准备】

（1）教学挂图《四个好朋友》。

（2）木偶：小花猫、小黄狗、小公鸡、小白兔各一个。

（3）音频《好朋友》、音响设备。

【活动过程】

（1）情境导入：教师操作木偶，跟着音乐示范梳头、扣纽扣、手拉手等出场动作。

（2）辅导幼儿操作，练习做梳头、扣纽扣、手拉手等出场动作。

（3）放音乐，让幼儿边唱歌曲《好朋友》，边操作木偶做梳头、扣纽扣、手拉手等出场动作。提醒幼儿唱歌时要活泼愉快，要充分表现出互相帮助、团结友爱的情景。

（4）教师示范朗诵故事《四个好朋友》中的动物对白，提醒幼儿要安静地倾听。

（5）由教师一句一句地带幼儿朗读对白，提醒幼儿要有表情。

（6）让幼儿自由操作木偶练习对白和做相应的动作。

（7）分配角色，请几个幼儿共同表演故事《四个好朋友》。

上幼儿园

【活动目标】

（1）了解《上幼儿园》故事内容，能有表情地朗诵故事中的对白。

（2）能够操作木偶表演故事。

（3）愿意开心地上幼儿园，体验木偶表演的乐趣。

【活动准备】

（1）教学挂图《上幼儿园》。

（2）音频《上幼儿园》、音响设备。

（3）木偶：小白兔、小鸭子、小花猫若干。

【活动过程】

（1）音乐导入，引出主题。

放音乐，教师边唱歌曲《上幼儿园》，边操作木偶示范做开开心心背着书包上学去。

（2）教师示范朗诵故事《上幼儿园》中小白兔、小鸭子、小花猫的对白。

小白兔："你早，小鸭子。你上哪儿去了？"

小鸭："嘎嘎嘎，我上幼儿园。"

小花猫："喵呜——喵呜，我上幼儿园！"

（3）结合挂图，由教师一句一句地带幼儿朗读对白，提醒幼儿要注意表情，声音要响亮。

（4）让幼儿自由操作木偶练习对白和做相应的动作。

（5）分配角色，请几个幼儿共同表演故事《上幼儿园》。